Confiando en Dios y Su Palabra

Décimo segunda
Conferencia Bíblica 2019
Iglesia de Cristo de White Rock

Confiando en Dios y Su Palabra

Décimo segunda conferencia Bíblica
Regresando a la Biblia
Iglesia de Cristo de White Rock
2019

Alberto Serna
Director de las conferencias

Willie A. Alvarenga
Editor del libro de las conferencias

Iglesia de Cristo en White Rock
9220 Ferguson Road
Dallas, TX 75228
(817) 268 3222; 681 4543
www.regresandoalabiblia.com

AGRADECIMIENTOS

Deseo dar las gracias primeramente a nuestro Dios por la bendición de producir este material para beneficio de la hermandad. Gracias a nuestro Padre celestial esta es la décimo segunda conferencia bíblica que llevamos a cabo para la honra de Dios y beneficio espiritual de la iglesia. A Él sea siempre la honra y la gloria en todo lo que hacemos.

También deseo agradecer a todos los hermanos que de una manera u otra colaboraron contribuyendo con su tiempo, dinero y trabajo para que este evento se pudiera llevar a cabo. Muchas gracias a todos los hermanos y hermanas que impartieron clases a los niños durante el día.

Dios bendiga a nuestros oradores quienes han tenido a bien preparar las lecciones para poder compartirlas con los que estuvieron presentes para esta conferencia bíblica. ¡Qué sea Dios quien bendiga sus ministerios y esfuerzos en la obra del Señor!

Finalmente agradecemos a todos los que tomaron el tiempo para acompañarnos en esta conferencia bíblica. Muchas gracias por dedicar tiempo al crecimiento espiritual de su alma.

Willie A. Alvarenga

Décimo segunda Conferencia Bíblica de la Iglesia de Cristo de White Rock

2019

"Oh Jehová, de mañana oirás mi voz; de mañana me presentaré delante de ti, y esperaré"
(Salmo 5:3)

TABLA DE CONTENIDO

Confiando en el Dios que nos ama
Kevin W. Rhodes 1-13

Confiando en el Dios que nos disciplina
Dave Miller 16-27

Confiando en el Dios que nos prepara una morada celestial
Edilfonso Rodríguez 30-42

Confiando en el Dios que ha preparado un juicio final
Obed Pineda 46-59

Confiando en el Dios que nos guía a través de Su Palabra
Willie A. Alvarenga 62-69

Clases Separadas:..72
Damas y Varones: Confiando en Dios para un hogar Cristiano
Benjamín García..74-80

Jóvenes: Confiando en Dios en los días de tu juventud
Andrew Martínez...82-99

Preguntas y Respuestas: *Willie A. Alvarenga, Edilfonso Rodríguez & Obed Rodríguez*

Confiando en Dios para la salvación eterna del alma
Marco Arroyo 102-112

Confiando en Dios y Su Palabra

Décimo segunda
Conferencia Bíblica 2019
Iglesia de Cristo de White Rock

CONFIANDO EN EL DIOS QUE NOS AMA

Kevin W. Rhodes

 El hermano *Kevin W. Rhodes* es egresado de la Escuela de Estudios Bíblicos del Medio Oeste (1992). En el presente trabaja como director e instructor de la Brown Trail School of Preaching. Recibió su licenciatura en historia de la Universidad Central de Missouri en 1996. También posee una maestría en Artes e Historia de la universidad de West Texas A & M (2006), una maestría en Ciencias Políticas de la Universidad del Estado de Tarleton (2011) y una maestría en Educación y Diseño Educativo y Tecnología de la universidad de West Texas A & M (2016). Nuestro hermano Kevin está casado con su esposa Tracy, y ambos tienen dos hijas, Makaria y Hannah.

INTRODUCCIÓN

"Porque de tal manera amó Dios al mundo, que ha dado a su Hijo unigénito, para que todo aquel que en él cree, no se pierda, mas tenga vida eterna" (Juan 3:16). Confía en Dios. Confía en la Biblia. Solo confía en Jesús. A pesar de la forma en que el mundo religioso los retrata, estas oraciones simples requieren mucho más que un simple "Yo creo". Después de todo, los demonios creen... y tiemblan. (Santiago 2:19) Sin embargo, Dios no simplemente ordena que le creamos y confiemos en Él como un dictador borracho de poder. De ningún modo. En cambio, Dios nos ha dado muchas razones valiosas para confiar en Él. Y en el centro de todo esto está este hecho simple pero profundo: Dios ha

demostrado Su amor por nosotros una y otra vez, y esto debería motivarnos a confiar en Él.

Vemos su amor a nuestro alrededor solo en la creación. Vemos su amor a nuestro alrededor en el impacto para siempre en la civilización que la Ley de Moisés ha tenido en la construcción no solo de la justicia sino también de la protección de las personas en el sistema legal, para aquellos gobiernos que verdaderamente siguen esos principios. Pero sobre todo, vemos su amor por nosotros en Jesucristo (2 Corintios 5:14). La Palabra de Dios revela más que solo sabiduría; revela las profundidades de su amor. Y este amor, profundo y permanente, debería hacer que confiemos en Él, y que confiemos en Su Palabra, también de una manera profunda y permanente.

CONFIANZA A DIOS PORQUE EL AMA CONSISTENTEMENTE

El amor de Dios por Su creación no varía con las estaciones ni se mueve como el mercado de valores; Él ama constantemente porque ama no por circunstancias, sino por carácter. Cuando el profeta registra Su auto descripción en Malaquías 3:6, "Yo soy el SEÑOR; No cambio ". Y por esto debemos estar agradecidos, porque este rasgo asegura la congruencia de Su comportamiento hacia nosotros a pesar de nuestra incongruencia hacia Él. Él todavía hace que llueva sobre los justos e injustos (Mateo 5:45) porque necesitamos lluvia, no porque merecemos tal bendición. De hecho, necesitamos la constancia ininterrumpida de su amor más de lo que nos damos cuenta, porque Dios ama incluso cuando no lo hacemos.

Dios nos ama cada día de nuestras vidas. Él nos ama incluso cuando nos hemos rebelado contra Él

(Romanos 5:8). Él nos ama durante nuestros mayores triunfos y nuestras más oscuras derrotas, como David aprendió por experiencia después de su pecado con Betsabé (Salmo 51:1; 2 Samuel 12:7-13). Dios ama en esos momentos cuando no lo amamos a Él, mirándonos a sabiendas con decepción, como lo hizo el Señor hacia Pedro después de su negación (Lucas 22: 61-62), pero siempre con amor. Dios nos ama cuando nosotros mismos no somos amables en absoluto, porque ¿de qué otra manera podría enviar a Ananías a Saulo de Tarso para ofrecer salvación a través del Evangelio y esperar una nueva vida (Hechos 9: 11-15)? Dios nos ama aun cuando no nos amamos a nosotros mismos.

Dios constantemente llega a la humanidad con un cuidado inigualable. Y debido a que Dios ama de manera constante en todos estos tiempos, también debemos confiar en Él de manera consistente, pase lo que pase. Por lo tanto, digamos con Job: "Aunque me mató, confiaré en Él" (Job 13:15).

CONFÍE EN DIOS PORQUE ÉL AMA SUS MEJORES INTERESES EN EL CORAZÓN

Todo lo que Dios hace, lo hace para ayudarnos, no para lastimarnos, específicamente por lo mucho que nos ama. Cada orden que Él ha dado está diseñado para ayudar. Cada condición hecha está diseñada para nuestro propio bien. Todo lo que Él ha hecho, desde el principio de los tiempos hasta este momento, proviene de un corazón que desea lo mejor para ti, tanto ahora como en la eternidad. El problema es que nosotros mismos permitimos que el mundo nos ciegue a nosotros y que Satanás nos engañe, y como resultado, a menudo hacemos cosas que son malas para nosotros, pero no Dios. Él sabe lo que es mejor y desea lo mejor, tanto que estuvo dispuesto a hacer lo que era peor para

4

Él para poder ofrecer lo mejor para nosotros, por eso Jesús fue a la cruz (Fil. 2: 5-11).

Dios tiene sus mejores intereses en el corazón porque entiende nuestras necesidades y sus mejores intereses mejor que nosotros. Él sabe lo importante que es la seguridad y la seguridad, por lo que creó el gobierno y estableció los principios de la ley y el orden (Romanos 13:1-2; Génesis 4:10-11; 9:6). Él entiende que necesitamos un trabajo que sea productivo y nos ayude a proporcionar a los demás, y nos muestra el camino (Colosenses 3:22-4:1). Él ve los beneficios de tener un matrimonio bueno y feliz porque lo diseñó para que fuera así, y por eso se tomó el tiempo de enseñarnos (Efesios 5:22-33). Él sabe que queremos que nuestros hijos tengan éxito en la vida, pero también que nos amen y respeten, y Él nos mostró el camino (Efesios 6:1-4). Él entiende nuestra necesidad de una comunidad social activa donde las personas realmente pertenecen y a las personas realmente les importa, y es por eso que nos dio a la iglesia, un lugar donde el amor reina (Juan 13: 34-35). Más que nada, Él sabe que esta vida no dura para siempre, y ha hecho posible que tengamos gozo en la eternidad (1 Juan 2:25).

Pero Dios también sabe cuál es la mejor manera de tener todas estas cosas, y eso es importante, porque realmente no lo tenemos. Dios sabe que todo esto requiere disciplina y madurez, y por lo tanto, nos proporciona disciplina para guiarnos allí también (Hebreos 12:5-6). Dios sabe que la búsqueda de la santidad puede llevarnos a la felicidad, pero la búsqueda de la felicidad mundana nunca nos llevará a la santidad (1 Pedro 1:1-16). Dios quiere que estemos con Él en la eternidad, no nos separemos de Él para siempre, porque Dios nos ama (Santiago 4:8). Y porque Él quiere lo mejor para nosotros, siempre podemos confiar en Él para que nos diga qué es lo mejor para nosotros y que hagamos lo mejor para nosotros. Siempre (Juan 8:32).

CONFÍE EN DIOS PORQUE EXTIENDE SU AMOR A NOSOTROS A TRAVÉS DE LA MISERICORDIA Y LA GRACIA

Dios no ama en un sentido distante y distante de cuidar desde lejos. Dios ama tan profundamente, tan atentamente y tan personalmente que abre Su corazón y Sus manos a aquellos a quienes ama para que nos cuiden en nuestra más profunda necesidad. Nuestra pecaminosidad, nuestras transgresiones y nuestras iniquidades son demasiado numerosas para que podamos contarlas. Todos hemos pecado, sin duda (Romanos 3:23). Pero más que eso, todos hemos pecado tanto que nosotros mismos no podríamos relatar nuestros fracasos (Jeremías 30:15). Pero Dios puede. Él conoce a todos y cada uno. Sin embargo, en lugar de mantenerlos sobre nosotros como un villano jugando con nuestras emociones, nuestro Dios se acercó con misericordia y gracia. De hecho, "Dios ... es rico en misericordia, debido a su gran amor con el que nos amó" (Efesios 2:4).

Cuando tuvo todo el derecho de abatirnos por la profundidad de nuestra maldad, nuestro Dios eligió, en cambio, sacarnos del fango enviando a Su Hijo unigénito (Juan 1: 1, 14, 18). En lugar de condenarnos inmediatamente, Dios envió a Su Hijo para librarnos de nuestro pecado (Juan 3:17). Su misericordia nos vio como personas a las que debemos compadecer, más bien como enemigos para enfrentarnos, por lo que nos cuidó incluso cuando lo habíamos abandonado. Pero su amor es mucho más fuerte que solo contener el castigo, porque cuando envió a Jesús, nos favoreció con la esperanza de la salvación y más.

> Pero cuando se manifestó la bondad de Dios nuestro Salvador, y su amor para con los hombres, nos salvó, no por obras de justicia que nosotros hubiéramos hecho, sino por su misericordia, por el lavamiento de la regeneración y por la renovación en el Espíritu Santo, el cual derramó en nosotros abundantemente por Jesucristo nuestro Salvador, para que justificados por su gracia viniésemos a ser herederos conforme a la esperanza de la vida eterna (Tito 3: 4-7).

La misericordia y la gracia de Dios, hechas posibles por su amor, son la base para el llamado del Evangelio y la unidad de hermandad (Fil. 2: 1). Son el corazón por el cual no solo podemos disfrutar de una relación renovada con Dios, sino también los medios por los cuales podemos ayudarnos unos a otros (Santiago 5:19-20). La gracia y la misericordia nunca han sido nuestro derecho. Por el contrario, merecíamos todo menos gracia y misericordia. Pero Dios, porque Él es Dios, nos otorgó estas bendiciones de todos modos en la medida en que nosotros, como Su pueblo, ahora podemos presentarnos audazmente ante Él (Hebreos 4:16). Esto, amigos míos, es razón suficiente para confiar en cada palabra que pronunció.

CONFIANZA EN DIOS PORQUE NOS AMA SUFICIENTE PARA OFRECER LA LIBERTAD DE LA CULPA Y LA ESPERANZA PARA EL FUTURO

Los hombres tratan de calmar su culpa de muchas maneras. Algunos se deleitan con su culpa. Algunos ignoran su culpa. Algunos entierran su culpa.

Algunos esconden su culpa. Y algunos se sienten abrumados por su culpa. Pero solo Dios puede proveer la verdadera libertad de la culpa.

Esto es cierto porque nuestra culpa proviene de algo mucho mayor que alguna psicosis y algo más profundo que un malentendido de la infancia. Nuestro sentimiento de culpa proviene del sentido moral que un Creador moral pone dentro de nosotros. Tenemos la capacidad de saber lo correcto de lo incorrecto, pero nuestro sentido moral insiste en que esto no es una mera categorización intelectual sino un dilema espiritual muy real. Creados en la imagen de Dios (Génesis 1:26-27), con la capacidad total para llevar esa imagen moralmente (Marcos 12:14-17), no lo hemos hecho (Romanos 3:20). Este es el origen de nuestra culpa y la razón por la que solo Dios puede liberarnos de su alcance.

Pero Jesús se ofreció a sí mismo como propiciación por nuestros pecados (1 Juan 2:1-2), haciendo que la libertad de la culpa sea una posibilidad al hacer posible restaurar esa imagen original (Efesios 4:24). Por lo tanto, hay esperanza real. Hay esperanza para el futuro. Hay esperanza en la eternidad (Tito 1:2). Y hay esperanza para ti.

Confía en Dios. Él quiere perdonarte (1 Timoteo 2:4). Él quiere que tengas esperanza. Él quiere que tengas un futuro brillante con él. Y puedes tener todo esto, pero debes confiar en Dios y hacer las cosas a su manera. Considerando todo lo que Él ofrece, ¿por qué discutiríamos con Él?

CONFÍE A DIOS PORQUE AMA CON TODO SU CORAZÓN

Cuando las personas recurren por primera vez a las Escrituras, a veces tienen problemas para aceptar los cambios que requiere el arrepentimiento. Solo ven una lista de hacer y no hacer porque están midiendo la Palabra de Dios por su propia experiencia en lugar de medir sus experiencias por la Palabra de Dios. Y debido a esto, las personas a menudo actúan como si Dios estuviera pidiendo demasiado cuando Él les pide que confíen y obedezcan.

No hay duda de que Dios espera nuestro todo. Él espera todo nuestro amor (Mateo 22: 37-40). Él espera toda nuestra vida (Romanos 12:1-2). Pero al esperar todo nuestro amor y toda nuestra vida, Él nos los devuelve con una mayor abundancia de la que podríamos lograr sin Él (Juan 10:10). Sin embargo, las personas que no se dan cuenta de su propia situación y el alcance del amor de Dios se detienen en ese primer momento y rechazan todo de la mano. Y lo hacen porque no consideran este simple hecho: antes de que Dios nos pidiera que lo amáramos con todo nuestro corazón, Él nos amó con todo su corazón. Y eso es mucho más de lo que podríamos pagar.

Dios no retiene nada de su amor, en absoluto. Él nos ha dado todo lo que pudo dar. Él nos amó desde el momento en que nos creó. Él nos amó al hacer un mundo que era justo para nosotros. Él nos amó al sostenernos incluso cuando pecamos contra él. Él nos amó al salvar al mundo cuando todas las almas, excepto ocho, lo habían rechazado. El mundo gentil le dio la espalda por completo, pero Él los amó. Los judíos lo rechazaron una y otra vez a lo largo de su historia, pero, como lo demuestra el libro de Oseas, nunca dejó de amarlos. Cuando la humanidad había dejado de cuidarse a sí mismo, a Dios todavía le importaba y enviaba a su propio Hijo, sin retener nada (1 Juan 3:16).

Cuando su propio pueblo lo rechazó (Juan 1:10-11) y lo crucificó, Jesús aceptó ir a la cruz sin retener nada (Hebreos 12:1-2). Y después de resucitar a Jesús de entre los muertos, en lugar de destruir el mundo cruel que haría tal cosa, Él le ofreció al mundo todo en el Evangelio (Romanos 1:16-17).

Lo que Dios pide, lo que Dios nos pida, Dios siempre nos ha dado más (Romanos 5:7-9). Él ha dado más, porque Él ama más. Siempre lo ha hecho. Y al dar todo de Sí mismo en nuestro nombre, Él nos ha dado todas las razones para confiar en Él con nuestras almas.

CONFIANZA A DIOS PORQUE DIOS ES AMOR

Las personas tienen problemas para confiar en los demás porque han visto cuán defectuosas son las personas. A menudo han experimentado decepción tras de decepción. Los que están más cerca de ellos los han traicionado, se han vuelto contra ellos y los han lastimado profundamente. Más allá de eso, se conocen a sí mismos y sus propios fracasos. Por lo tanto, tienen problemas para confiar completamente en alguien.

Desafortunadamente, las personas a menudo ven el confiar en Dios de la misma manera. Vienen a Él con duda y temor en lugar de apertura y cuidado. Pasan el tiempo buscando una razón para desconfiar, en lugar de ver todas las razones para confiar implícitamente. Pero esto se debe a que tienen una visión tan pequeña de Dios. Lo ven como si fuera tan defectuoso como ellos, como un dios de los mitos griegos y romanos en lugar de un Dios verdadero y vivo. Y debido a que comienzan con una visión falsa de Dios, se sienten justificados al no confiar en Él. En cierto sentido, no pueden aceptar a Jehová Dios. No pueden aceptar a Jesús. No pueden aceptar el

Evangelio. Porque suenan demasiado buenos para ser verdad.

Pero la realidad de Dios es incluso mayor que la imaginación de estos hombres dudosos. Mientras discutían si Él podía hacer que una roca fuera demasiado grande para la vida de Él, los estaba amando con un amor demasiado grande para comprender. Dios ama porque "Dios es amor" (1 Juan 4:8). Dios ama porque este es quien Él es. No necesita otra motivación para amar más que Su propio carácter. Y este amor perfecto envuelto con luz perfecta (1 Juan 1:5) y espíritu perfecto (Juan 4:24) presenta la santidad perfecta (1 Pedro 1:16) como el carácter perfecto de un Dios perfecto. Conocer realmente a Dios es ver el amor en exhibición, y por lo tanto, confiar en Él no es solo algo hermoso que hacer, es lo único que se puede hacer.

CONCLUSIÓN

Amigos míos, pueden confiar en Dios, total y completamente. Puedes confiar en Él con tu familia. Puedes confiar en Él con tu futuro. Puedes confiar en Él con tu corazón. Puedes confiar en Él con tu alma. No tienes que confiar en Dios con una fe ciega, como si el resultado fuera incierto. Puede confiar en Dios con una fe de plena convicción porque su carácter es bueno, sus motivos son claros y su amor profundo y permanente.

Dios ama con un amor consistente. Dios ama con un amor desinteresado. Dios ama con un amor bondadoso. Dios ama con un amor perdonador. Dios ama con un amor pleno y completo. Dios ama... porque Dios es amor. Así que te suplico, pon toda tu atención sobre Él, porque Él se preocupa por ti (1 Pedro 5:7).

Nuestro amor por Dios debe elevarse para

11

encontrar Su amor por nosotros (1 Juan 4:19). Y cuando Él nos extendió en amor a nosotros a través de enviar a Su Hijo, nos acercamos a Él con amor al confiar en Él y obedecer Su Palabra (1 Juan 5:3). Dios te ama con cada onza de SU ser. Y es por eso que debemos confiarle a Él con cada onza de NUESTRO ser. Ya sea que confiemos en Él, cuánto tiempo confiamos en Él y cuánto confiamos en Él es esencial. Porque solo a través de nuestra fiel confianza y obediencia a través de la vida podremos disfrutar del amor de Dios por toda la eternidad.

Notas

_____

_____

_____

_____

_____

_____

_____

_____

_____

_____

_____

_____

_____

_____

_____

_____

_____

_____

_____

_____

_____

Kevin W. Rhodes

CONFIANDO EN EL DIOS QUE NOS DISCIPLINA

Dave Miller

 El hermano *Dave Miller* ha trabajado por más de 40 años en diversas capacidades para iglesias de Cristo, incluyendo predicador de púlpito, director de una escuela de predicación (Brown Trail School of Preaching) y anfitrión de un programa televisado a nivel nacional que se transmite en GBN (gbntv.org). Actualmente es Director Ejecutivo de Apologetics Press, el Dr. Miller ha sido autor de numerosos artículos y libros, incluyendo el Corán revelado, la Anarquía Sexual, Pilotando el Estrecho, el Silenciamiento de Dios, Cristo y el Congreso Continental, Por qué Sufren, y una serie De libros que enseñan a los niños a leer. Él lleva a cabo más de 40 discursos por año, incluyendo seminarios de fin de semana, conferencias y reuniones del Evangelio.

INTRODUCCIÓN

¿Qué significa la palabra "disciplina"? Viene de la misma palabra de la raíz como "discípulo". Significa entrenar, instruir, enseñar, corregir, azotar, golpear y azotar. Así que el concepto incluye enseñar y entrenar, educar, instruir, corregir, moldear, fortalecer, perfeccionar, y también castigar y castigar. Literalmente, la palabra significa "salvar la mente, recordando a una persona a sus sentidos". Usted y yo estamos en constante necesidad de disciplina. No llegaremos al cielo si no nos sometemos a una disciplina constante. Todos debemos ser recordados, reprendidos, reprendidos y recordados a diario.

Estamos en una guerra total con Satanás y nuestra propia voluntad obstinada. Debemos humillarnos para enfrentar nuestros defectos y nuestra necesidad de mejorar, crecer y madurar. De lo contrario, no llegaremos al cielo. Examinemos tres tipos de disciplina y luego notemos brevemente el significado del sufrimiento como disciplina.

AUTODISCIPLINA

La autodisciplina está en el corazón del cristianismo. La Biblia usa varias palabras para enfatizar este requisito, incluyendo la templanza y el autocontrol. Implica controlar los propios apetitos y pasiones corporales, y lograr el autodominio. El uso de sustancias nocivas como el alcohol y el tabaco muestran una falta de autodominio y autocontrol. El autocontrol es un fruto del Espíritu (Gálatas 5:23), y es una gracia cristiana (2 Pedro 1: 6). Cuando Pablo enseñó a Félix y Drusila, habló de autocontrol, sin duda porque eran autoindulgentes y mundanos (Hechos 24:25). Pedro nos suplica: "Amados, te ruego como peregrinos y peregrinos, abstente de los deseos carnales que luchan contra el alma" (1 Pedro 2:11). Por lo tanto, debemos vigilar constantemente nuestras actitudes, nuestras opiniones, nuestros deseos y nuestras intenciones para asegurarnos de que somos agradables a Dios. La autodisciplina es absolutamente necesaria.

DISCIPLINA EN EL HOGAR

La Biblia tiene mucho que decir sobre la disciplina en el hogar, y específicamente sobre la disciplina de los niños. Proverbios 13:24 dice: "El que escatima su vara odia a su hijo, pero el que lo ama lo disciplina con prontitud". Proverbios 19: 18— "Castiga a tu hijo mientras haya esperanza, y no pongas tu corazón en su destrucción. "Proverbios 22: 15—" La insensatez está atada en el corazón de un niño; La vara de la corrección lo alejará de él ". Proverbios 23: 13-14:" No retengas la corrección de un niño, porque si lo golpeas con una vara, no morirá. Lo golpearás con una vara y librarás su alma del infierno ". Proverbios 29: 15,17:" La vara y el reproche dan sabiduría, pero un niño que se deja solo avergüenza a su madre ... Corrige a tu hijo, y él te dará descanso; Sí, él hará las delicias de tu alma ". Los padres deben disciplinar a sus hijos y, por lo tanto, capacitarlos para que sean obedientes tanto a los padres como a Dios. No debemos ser como Elí, quien reprendió verbalmente a sus hijos, pero no los "refrenó" (1 Samuel 2: 22-25; 3:13). El entrenamiento de los niños requiere tanto instrucción verbal como castigo físico. Proverbios 29:15 dice: "La vara y el reproche dan sabiduría, pero un niño que se deja solo avergüenza a su madre". La cultura y la sociedad se oponen firmemente a lo que la Biblia enseña sobre la disciplina de los niños. Pero, ¿quién sabe mejor, la sociedad o Dios?

DISCIPLINA DE LA IGLESIA

El Nuevo Testamento tiene más que decir acerca de la disciplina de la iglesia de lo que dice acerca de la Cena del Señor. Este es un tema importante en la mente de Dios. Escuche atentamente las razones de Dios para toda la disciplina que Él desea para todos nosotros: Proverbios 3: 11-12 dice: "Hijo mío, no desprecies el castigo del SEÑOR, ni detengas su corrección; A quien el Señor ama, Él corrige, así como un padre, el hijo en quien se deleita ". Este pasaje muestra que la base de todas las formas de disciplina es el amor. Toda disciplina, en cualquier forma, tiene como objetivo llevar a las personas al cielo. Nos disciplinamos a nosotros mismos, a nuestros hijos y a nuestros hermanos cristianos para ser salvos eternamente. Si la iglesia no practica la disciplina, muchos miembros se perderán. Cuando las leyes de tránsito no se aplican de manera rápida y consistente, los conductores se vuelven laxos y sin ley. Como explicó el hombre sabio: "Debido a que la sentencia en contra de una obra mala no se ejecuta rápidamente, por lo tanto, el corazón de los hijos de los hombres está completamente establecido en ellos para hacer el mal" (Ec. 8:11). La ley rígidamente aplicada es un impedimento contra su violación. Del mismo modo, cuando las leyes de Dios no se aplican en la iglesia, y los miembros descarriados no son llamados a rendir cuentas, la iglesia se convierte en un caldo de cultivo para la anarquía. Los otros miembros se relajarán y será menos probable que se ajusten a los altos estándares del Evangelio.

En Su infinita previsión, Dios anticipó los problemas de la iglesia a través de todas las generaciones y nos proporcionó el camino para preservar su pureza. Nos dio un proceso de dos pasos para disciplinar a los miembros descarriados e infieles. Primero, cuando se descubre que un miembro es infiel, se debe hacer todo lo posible para devolver a esa persona a su primer amor. Segundo, si todos esos esfuerzos no tienen éxito, y no se produce ningún arrepentimiento, la iglesia en su conjunto debe ejercer una disciplina correctiva.

FINES DE LA DISCIPLINA DE LA IGLESIA.

Consideremos cinco propósitos dados en las Escrituras para la disciplina de la iglesia:
1. El propósito principal de la disciplina de la iglesia es hacer que el hermano / hermana errante se arrepienta.

- 2 Tes. 3:14 — *"para que se avergüence"*
- 1 Cor. 5:5 — *"para que el espíritu sea salvo"*
- Santiago 5:20 — *"para salvar a un alma de la muerte"*
- 1 Tim. 1:20 — *"ser enseñado a no blasfemar"*
- La disciplina de la iglesia no tiene la intención de deshacerse de una persona o de "huir de ella". Es un intento de crear en el corazón de esa persona un mayor respeto por la iglesia, Dios y la verdad de Dios. Fallar en actuar es respaldarlo y alentarlo en su vida rebelde.

2. Un segundo propósito para la disciplina de la iglesia es mostrar que la iglesia es obediente a Cristo.
   - 2 Cor. 2: 9 — *"si eres obediente en todas las cosas"*
   - 2 Cor. 7: 12 — *"tu seriedad"*
   - 2: 5: fallar es renunciar a la aprobación de Dios

3. Un tercer propósito de la disciplina de la iglesia es proteger y mantener la pureza de la iglesia.
   - 1 Cor. 5:6-7: el término *"levadura"* se refiere a la laxitud en otros miembros que proviene de tolerar el pecado en el campamento. Es como el cáncer que se propaga. Debe ser eliminado rápidamente.
   - Ef. 5:27 — Dios quiere que todos respetemos el hecho de que Jesús quiere *"presentarse a ella misma como una iglesia gloriosa, sin mancha ni arruga ni nada por el estilo, sino que ella debe ser santa y sin mancha"*.

4. Un cuarto propósito de la disciplina de la iglesia es hacer que el resto de la iglesia examine nuestras propias vidas y actúe con cautela antes de decidir pecar.
   - 1 Tim. 5:20 — *"Los que están pecando reprenden en la presencia de todos, para que el resto también teman"*.
   - Hechos 5:11 — *"Y vino un gran temor sobre toda la*

iglesia y sobre todos los que oyeron estas cosas".
- Deut. 21:21 — *"todo Israel oirá y temerá".*

5. Un quinto propósito de la disciplina de la iglesia es mostrar al mundo que la iglesia es seria en su guerra contra el mal y se mantiene firme en su postura justa para con Dios.
   - Hechos 5:11,13 — *"Así que gran temor vino sobre toda la iglesia y sobre todos los que escucharon estas cosas ... Sin embargo, ninguno de los demás se atrevió a unirse a ellos, pero la gente los estimó altamente".*

QUIÉN ES DISCIPLINADO

1. Falsos maestros (Rom. 16:17; Tit. 1:10-11)
2. Aquellos que se niegan a reconciliarse con sus hermanos por diferencias personales (Mat. 18:17)
3. Cristianos sexualmente impuros (1 Cor. 5:11)
4. Cualquier miembro que intencional y repetidamente viole cualquiera de los mandamientos del Señor y se niegue a arrepentirse (2 Tesalonicenses 3:6 — *"desordenado"*, *"inactivo"*, *"perezoso"*, *"insubordinado"*, un soldado que no mantiene su rango. Aquellos que persistir en el pecado voluntario y continuo, incluyendo mentir, robar, cotillear, abandonar la asamblea, cualquier pecado que tome cautivo a un miembro, lo supere y lo haga estar en una condición perdida.

COMO DISCIPLINAR

Ejemplos de las escrituras
1. Como la iglesia en Tesalónica
   - 1 Tes. 5:14 — *"Ahora los exhortamos a ustedes, hermanos, a advertir a los que son ingobernables".*
   - 2 Tes. 3:6 — *"Pero a ustedes, hermanos, les ordenamos, en el nombre de nuestro Señor Jesucristo,*

que se retiren de todos los hermanos que caminan desordenadamente y no de acuerdo con la tradición que él recibió de nosotros".

- 2 Tes. 3:14— "Y si alguien no obedece nuestra palabra en esta epístola, tenga en cuenta a esa persona y no se haga compañía de él, para que pueda avergonzarse".

2. Como la iglesia de Corinto.

- 1 Cor. 5:2-5— "Y tú estás inflado, y no has llorado, para que el que ha hecho esta acción sea quitado de entre vosotros. Porque ciertamente, como ausente en el cuerpo pero presente en el espíritu, ya he juzgado (como si estuviera presente) al que así lo ha hecho. En el nombre de nuestro Señor Jesucristo, cuando estén reunidos, junto con mi espíritu, con el poder de nuestro Señor Jesucristo, entreguen a tal persona a Satanás para la destrucción de la carne, para que su espíritu sea salvo. en el día del Señor Jesús".

- 1 Cor. 5:9-13— "Les escribí en mi epístola para no estar en compañía de personas sexualmente inmorales. Sin embargo, ciertamente no quise decir con las personas sexualmente inmorales de este mundo, o con los codiciosos, los extorsionadores o los idólatras, ya que tendrías que salir del mundo. Pero ahora te he escrito para que no te hagas compañía de nadie que se llame hermano, que sea sexualmente inmoral o codicioso, o un idólatra, un revendedor, un borracho o un extorsionador, ni siquiera para comer con una persona así. . ¿Para qué tengo que ver con juzgar a los que también están afuera? ¿No juzgas a los que están dentro? Pero los que están fuera de Dios juzgan. Por lo tanto, apartad de vosotros la persona malvada ".

3. Aprender de los principios establecidos por Dios para la nación de Israel y la iglesia del Nuevo Testamento.

- Números 15:32-36— "Ahora, mientras los hijos de Israel estaban en el desierto, encontraron a un hombre

recogiendo palos en el día de reposo. Y los que lo encontraron recogiendo palos, lo llevaron a Moisés y Aarón, ya toda la congregación. Lo pusieron debajo de la guardia, porque no se le había explicado qué se le debía hacer. Entonces el SEÑOR dijo a Moisés: El hombre debe ser muerto; toda la congregación lo apedreará con piedras fuera del campamento. Así, como el SEÑOR le ordenó a Moisés, toda la congregación lo sacó del campamento y lo apedreó con piedras, y él murió ".

- Josué 7 — La ejecución de Acán
- Hechos 5 — Ananías y Safira

PASOS ESPECÍFICOS A TOMAR

Poniendo toda esta información bíblica en una forma sistemática, esto es lo que aprendemos:

1. La congregación entera (Mat. 18:17) debe someterse al liderazgo de los pastores (Hebreos 13:17) o, si no hay ancianos, los líderes.
2. Todos los miembros deben hacer varios intentos para ponerse en contacto con el hermano o hermana rebelde, para rogar, enseñar, instruir, advertir, advertir y alentar a que se arrepienta.
3. Si todos los esfuerzos fallan, la iglesia no tiene recurso, excepto para implementar el retiro formal, público y oficial de los impenitentes. Este anuncio formal debe ocurrir en la asamblea de adoración de la iglesia (*"cuando están reunidos"* —1 Cor. 5:4). Consiste en un anuncio de que los fieles están entregando a los infieles a Satanás (1 Cor. 5:5); es decir, la iglesia está reconociendo públicamente que el impenitente ya se ha entregado a Satanás y es reconocido formalmente por el La iglesia está en una condición perdida espiritualmente.
4. A partir de ese momento, los miembros fieles

romperán las relaciones sociales normales. Ellos *"llorarán"* (1 Cor. 5:2) como si ese hermano o hermana hubiera muerto. Ellos *"no estarán en compañía de él"* (2 Tes. 3:14). El resultado de tales acciones es que él es apartado de la comunión de la iglesia. Las relaciones sociales y mutuas con él cesan.

5. Si el contacto con él es inevitable o accidental, la ocasión se usa como otra oportunidad para advertirle que se arrepienta y regrese a Dios y a la iglesia. 2 Tesalonicenses 3:15 dice: *"Sin embargo, no lo consideres un enemigo, sino que lo amonestes como un hermano"*. Observa que todavía es un *"hermano"*, pero que es un hermano perdido. Como dijo el padre acerca del hijo pródigo: *"para esto mi hijo murió y vive de nuevo; fue perdido y fue hallado"* (Lucas 15:24). O como Jesús lo explicó: *"Que sea para ti como un pagano y un recaudador de impuestos"* (Mat. 18:17). O como dijo Juan: *"no lo recibas en tu casa ni lo saludes; porque el que lo saluda comparte sus malas obras"* (2 Juan 10-11). *"Saludar"* significa que el cristiano fiel no debe hacer ni decir nada que deje la impresión con el hermano impenitente de que es aceptable para Dios en su condición espiritual actual.

6. Si el miembro rebelde se arrepiente, confiesa su pecado y busca el perdón, puede ser recibido nuevamente en la plena comunión de la iglesia. Su confesión debe ser tan pública como su pecado. Lee Hechos 8:22, Santiago 5:16, 1 Juan 1:8-9 y 2 Corintios 2:1-11).

SUFRIENDO COMO DISCIPLINA

Otra forma de disciplina a la que estamos sometidos los cristianos consiste en las dificultades y el sufrimiento que inevitablemente debemos enfrentar. La tribulación que enfrentamos en la vida puede ser dolorosa y prolongada. Las cosas que nos suceden pueden hacernos sentir como si estuviéramos siendo golpeados. Pero esos mismos aspectos de la vida pueden dar como resultado un valor, un significado y una capacidad renovada que no se pueden asegurar de ninguna otra manera. Las dificultades de la vida pueden mejorarnos y perfeccionarnos si les permitimos hacerlo.

Las dificultades y dificultades de la vida son como un horno en el que estamos expuestos a un calor intenso. ¿Ese horno de aflicción causa dolor, tormento y angustia? Sí. Pero sobrevivir y superar la adversidad da como resultado la renovación, la tranquilidad y la fortaleza para el futuro. Nuestros defectos espirituales se eliminan para que podamos ser aptos para la vida y el servicio divino. Jesús es el Gran Médico que busca mejorar nuestra salud espiritual, pero al hacerlo, debe infligir heridas quirúrgicas beneficiosas y necesarias. Dios es nuestro último Padre, el *"padre de nuestros espíritus"* (Hebreos 12:9), quien ama a Sus hijos lo suficiente como para disciplinarlos. Recuerda las palabras de Salomón: *"Hijo mío, no desprecies el castigo del SEÑOR, ni detestes su corrección; por quien el SEÑOR ama a los correctos, así como un padre, el hijo en quien se deleita"* (Prov. 3:11-12). Esta vida es nuestra base de pruebas. Estamos siendo probados, probados y probados. Estamos en condiciones duras y duras: los golpes duros, las rocas irregulares y el calor abrasador de las pruebas y los obstáculos de la vida. Estamos siendo moldeados por la eternidad. El viejo adagio, *"El cielo es un lugar preparado para una gente preparada"* es exacto. Estamos siendo preparados, si nos sometemos a los procesos disciplinarios que facilitan esa preparación.

Puede decir: *"No quiero tener que soportar el sufrimiento y las dificultades"*. Ninguno de nosotros lo

hace. Pero, ¿cuánto quieres ir al cielo? ¿Estás dispuesto a soportar el sufrimiento y enfrentarte a las dificultades, manteniéndote fiel en medio de él para ir al cielo? Jesús usó dos palabras en Mateo 7:14 que describen el camino a la vida: (1) "*estrecho*" (una palabra que significa "*restrictivo*" y "*vinculante*") y (2) "*estrecho*" (una palabra que significa "*presionar , apretar, o comprimir*"). Fíjese que: Jesús mismo declaró de manera directa que si quiere ir al cielo, tendrá que estar dispuesto a ser exprimido por las dificultades de la vida y someterse a un estilo de vida muy estrecho y rígido.

CONCLUSIÓN

Todas las formas de disciplina son difíciles, no son fáciles. No es fácil limitar lo que comemos. No es fácil ejercer el esfuerzo necesario para hacer ejercicio. No es fácil azotar a tus hijos. Es muy desagradable tener que enfrentarse entre sí por el comportamiento que necesita ser corregido. Pero la Biblia enseña claramente que Dios nos obliga a disciplinarnos a nosotros mismos, a disciplinar a nuestros hijos, a disciplinarnos unos a otros en la iglesia, y también a estar dispuestos a recibir Su disciplina en la forma de las dificultades de la vida. Él nos asegura que todo es para nuestro bien. Así que hazte esta pregunta: "*¿Confío en Dios?*"

Notas

_____

_____

_____

_____

_____

_____

Dave Miller

CONFIANDO EN EL DIOS QUE NOS PREPARA UNA MORADA CELESTIAL

Edilfonso Rodríguez

El hermano *Edilfonso Rodríguez* es egresado de North Loop Iglesia de Cristo Leadership Training School de El Paso, TX (1977). Ha predicado el evangelio por más de 40 años, estableciendo más de 35 congregaciones en los Estados Unidos y Mexico. Nuestro hermano ha llevado a cabo obra evangelística en Estados Unidos, Centro y Sur América. En 1989 colaboró como uno de los instructores del departamento Español de la Escuela de Predicación de Sunset en Lubbock, TX. Por los últimos 26 años ha colaborado con la Iglesia de Cristo de Norton Street en Corpus Christi, TX. Él está casado con la hermana Aurora, y ambos tienen tres hijos: Gabriel, Israel, Joshua, y una hija, Dina.

INTRODUCCIÓN

Nosotros tenemos la libertad de poner nuestra confianza en cualquier cosa que nosotros veamos necesaria para nuestra vida. Especialmente la confianza en cosas que habrán de mejorar nuestra vida. Pero, recuerde Dios nos ha bendecido con un libre albedrío. Y a consecuencia de esta capacidad, nosotros podemos hacer nuestras propias decisiones. Pero en ocasión no hacemos las decisiones correctas en nuestra vida. Claro, nuestras decisiones incorrectas son a consecuencia de no ser una que investigamos correcta antes de hacer nuestras decisiones. Y en ocasiones, las consecuencias son devastadoras.

Por ejemplo, en vez de confiar en Dios, se hace la decisión de confiar en nosotros mismos. Considere lo que la Escritura nos enseña al respeto; *"Que el hombre no es Señor de su camino, ni del hombre que camina es el ordenar sus pasos"* (Jeremías 10:23). Sin embargo, el hombre hace todo lo contrario. Y el resultado es terrible. Cuando él se va en contra de la voluntad de Dios, la Escritura nos enseña la consecuencia severa; *"Camino que parece derecho, pero su fin es camino de muerte"* (Proverbios 16:25). Así que, no es bueno que el hombre confíe en sí mismo. Sin embargo, a pesar de esta amonestación de Dios, el hombre sigue confiando en sí mismo. Y cuando esto ocurre, la Escritura amonesta lo siguiente; *"Si el ciego guiare al ciego, ambos caerán en el hoyo"* (Mateo 15:14).

Pero también existe la posibilidad de que en vez de confiar en Dios, el hombre confía en las cosas de este mundo. Claro, las cosas que ofrece este mundo son los *afanes, riquezas, y los placeres de la vida* (Lucas 8:14). Pero usted y yo, no debemos amar, mucho menos confiar, en estas cosas. Porque la Escritura nos amonesta; *"No améis al mundo, ni las cosas que están en el mundo. Si alguno ama al mundo, el amor del Padre no está en él. Porque todo lo que hay en el mundo, los deseos de la carne. Los deseos de los ojos, y la vanagloria de la vida, no proviene del Padre, sino del mundo"* (1 Juan 2:15-16). ¿Qué más claro que esto lo queremos? En el mundo no se encuentra el amor de Dios. ¿Entonces, para que confiar en él? Incluso, la Escritura nos enseña; *"¡Oh almas adulteras! ¿No sabéis que la amistad del mundo es enemistad contra Dios? Cualquiera, pues, que quiera ser amigo del mundo, se constituye enemigo de Dios"* (Santiago 4:4). Entonces, poner nuestra confianza en las cosas de este mundo, nos convierte en el enemigo de Dios. Estoy seguro que usted no quiere el enemigo de Dios.

Por lo tanto, es mejor poner toda nuestra confianza en Dios. Esto es lo más seguro. Además, esto es lo que nos trae buen beneficio a nuestra vida. Pero también debemos poner nuestra confianza en Dios porque . . . *"El es la Roca, cuya obra es perfecta, porque todos sus caminos son rectitud; Dios de Verdad, y sin ninguna iniquidad en él; Es Justo y recto. La corrupción no es suya . . .*(Deuteronomio 32.4-5ª). Y porque *"Toda buena dádiva y todo don Perfecto desciende de lo alto, del Padre de las luces, en el cual no hay mudanza, ni sombra de variación"* (Santiago 1.17). Y por último, recuerde que Dios no cambia. Él es el mismo de ayer, de hoy, y por lo siglos (Malaquías 3:6; Hebreos 13:8).

MONOGRAFÍA

Así que, en esta ocasión, quiero estudiar con usted el tema que se me ha asignado, *"Confiando en el Dios quien nos prepara una morada Celestial"*. Al estudiarlo con usted, quiero *primeramente* estudiar la primera palabra de nuestro tema, *"Confiando."* Quiero que usted y yo observemos la manera en como los lexicógrafos definen esta palabra. Esto nos dará la dirección de nuestro estudio. Además, en *seguida,* quiero estudiar con usted la plétora de maneras en cuando y como debemos de *confiar* en Dios. Y por *último,* quiero estudiar con ustedes, la razón en porque debemos de confiar totalmente en Dios.

PERSPECTIVA LEXICÓGRAFA

Bueno, la primera palabra de nuestro tema es, *Confiando.* Esta palabra se encuentra en el Antiguo y Nuevo Testamento. La palabra hebrea es *Confiando – Chasah."* Mientras que la palabra griega es *"Confiando – Elpizo."* Y según los lexicógrafos, ellos definen estas palabras de la siguiente Manera; *"Tener esperanza, tener refugio, tener confianza"*. Así que, cuando hablamos de tener confianza en Dios, según los lexicógrafos, ellos nos enseñan que la definición significa tener esperanza, refugio, y confianza en Dios únicamente.

Plétora de maneras en cuando y como debemos de confía en Dios:

"Cuando sufrimos"

Si este pues es el caso, entonces se nos presenta la siguiente pregunta, ¿cuándo y cómo debemos de poner nuestra confianza en Dios? Pues, he aquí una plétora de maneras que la Escritura nos enseña. Claro, por falta de renglones, solamente he escogido algunas de ellas.

Primeramente, debemos de confiar en Dios cuando sufrimos como cristianos en nuestra vida. Todos nosotros, si vivimos la vida como la debemos de vivir vamos a sufrir. Además, en ocasiones vamos a sufrir indirectamente, a consecuencia de la decisión que alguien toma en su vida. Concerniente a esto, recuerde las Palabra de Jesucristo; *"Si el mundo os aborrece, sabe que a mí me ha aborrecido antes que a vosotros. Si fuerais del mundo, el mundo amaría lo suyo; pero porque no sois del mundo, antes yo os elegí del mundo, por eso el mundo os aborrece"* (Juan 15:18-19). Así que, por causa de que el Señor nos ha escogido del mundo, nosotros ahora; *"Como hijos obedientes, no os conforméis a los deseos que antes teníais estando en vuestra ignorancia; sino como aquel que os llamo es Santo, sed también vosotros santos en toda vuestra manera de vivir"* (1 Pedro 1:14-15). Y a consecuencia de este proceso, el Cristiano habrá de recibir mucho sufrimiento. Pablo lo pone de esta manera; *"Todos los que quieren vivir piadosamente en*

Cristo Jesús padecerán persecución" (2 Timoteo 3:12). Así que amados, *"No os sorprendáis del fuego de pruebas que os ha sobrevenido, como si alguna cosa extraña os aconteciese"* (1 Pedro 4:12).

Así que, *"Por nada estéis afanosos, sino sean conocidas vuestras peticiones delante de Dios en toda oración y ruego, con acción de gracias"* (Filipenses 4:6). En otras palabras, durante el tiempo de nuestro sufrimiento, ponga toda su confianza en Dios.

Esto me recuerda de los tres amigos de Daniel, Sadrac, Mesac, y Abed-nego. ¿Recuerda la historia de ellos? Pues, ellos sufrieron ante las manos de sus enemigos. Pero considere lo que nos enseña la Escritura concerniente a su respuesta a sus enemigos; *"He aquí nuestro Dios a quien servimos puede librarnos del horno de fuego ardiente; y de tu mano, oh rey. Nos librará. Y si no, sepas, oh rey, que no serviremos a tus dioses, ni tampoco adoraremos la estratagema que has levantado"* (Daniel 3:17-18). Observe la confianza de estos hombres en Dios. A pesar de su sufrimiento, el cual estaban pasando, y había de pasar, ellos pusieron toda su esperanza en Dios. Esto mismo, mi querido lector, fue el consejo que Dios le doy a Israel y Aarón; *"Oh Israel, confía en Jehová; Él es tu ayuda y tu escudo. Casa de Aarón, confiada en Jehová; Él es vuestra ayuda y vuestro escudo"* (Salmos 115:9-10). Este pues es el mismo consejo para nosotros también. Recuerde las Palabra de Pablo a los Romanos; *"Si Dios es por nosotros, ¿Quién contra nosotros?"* (Romanos 8:31). Al confiar en Dios, no vamos a errar.

"Cuando se nos hace el mal"

Pero no solamente debemos de poner nuestra confianza en Dios cuando sufrimos, aún también debemos de poner nuestra confianza en Dios cuando alguien nos hace un mal. Usualmente, la tendencia humana es de regresar mal por mal. Aunque seamos Cristianos, y entendamos que no debemos seguir la ley Mosaica, un versículo que usualmente escuchamos citado cuando se nos hace un mal es el que se encuentra en el libro de Éxodo; *"Ojo por ojo, diente por diente, mano por mano, pie por pie"* (Éxodo 21:24; Levítico 24:19-20; Deuteronomio 19:21). Pero recuerde las palabras de nuestro Señor Jesucristo; *"Oísteis que fue dicho: ojo por ojo, y diente por diente. Pero yo os digo: No resistáis al que es malo; antes, a cualquiera que te hiera en la mejilla derecha, vuélvele también la otra; y al que quiera ponerte a pleito y quitarte la túnica, déjale también la capa; y a cualquiera que te obligue a llevar carga por una milla, ve con él dos"* (Mateo 5:38-41). El punto es este, me querido lector, Pablo lo expresa mucho más mejor con las siguientes palabras; *"No paguéis a nadie mal por mal; procurad lo bueno delante de todos los hombres"* (Romanos 12:17). Nuestro deber ante Dios es de *"Estar en paz con todos los hombres"* (Romanos 12:18). Esto pues, significa que cuando alguien nos hacen un mal, nosotros debemos de regresar lo bueno. La razón por esto es que la venganza le pertenece a Dios, y no a nosotros. Recuerde, así como le prometió al pueblo de Israel, también nos promete a nosotros también. Dios peleará por nosotros. Pablo lo expresa de la siguiente manera; *"No es venguéis vosotros mismos, amados míos, sino dejad lugar a la ira de Dios; porque escrito esta: Mía es la venganza, yo pagaré, dice el Señor"* (Romanos 12:19; Hebreos 10:30). Tarde o temprano, Dios se encargará de aquel quien nos ha hecho un mal.

Un buen ejemplo de lo que la Escritura nos enseña, se puede ver en la vida de nuestro Señor Jesucristo. Y Él nos ha dejado ejemplo para que sigamos sus pisadas. Considere lo que nos enseña la Escritura;

"Dejándonos ejemplo, para que sigáis sus pisadas; El cual no hizo pecado, ni se halló engaño en su boca; quien cuando le maldecían, no respondía con maldición; cuando padecía, no amenazaba, sino encomendaba la causa al que juzga justamente" (1 Pedro 2:22-23).

Así que, *"Por nada estéis afanosos, sino sean conocidas vuestras peticiones delante de Dios en toda oración y ruego, con acción de gracias"* (Filipenses 4:6). Esto fue lo que hizo Jesucristo, y esto es lo que usted y yo debemos hacer cuando alguien nos hace un mal.

Así que, cuando se nos hace un mal por causa de que estamos viviendo fielmente al Señor, no pensemos que Dios no está con nosotros. Porque Dios si está con nosotros durante este tiempo. Solamente tengamos paciencia. Dios se habrá de encargar de aquellos quienes nos han hecho el mal.

"En Nuestra necesidad y prosperidad"

Así que, uno debe confiar en Dios cuando sufre, cuando alguien le hace un mal, pero aún también cuando se encuentra en necesidad, y en tiempo de abundancia. Algunas personas, cuando pasan por tiempo de necesidad, en vez de confiar en Dios, murmuran o blasfeman contra Dios. Cuando el pueblo de Israel fue liberado de la esclavitud Egipcia, y por primera vez se encuentran en necesidad en el desierto de Sin, murmuraban contra Dios. Mientras que ellos estuvieron en esclavitud, ellos recibían en abundancia de comida. Así que, cuando salieron de la cuidad de Elim, y llegaron en el desierto de Sin, ellos dijeron a Moisés; *"Ojalá hubiéramos muerto por mano de Jehová en la tierra de Egipto, cuando nos sentábamos a las ollas de carne, cuando comíamos pan hasta saciarnos; pues nos habéis sacado a este desierto para matar de hambre a toda la multitud"* (Éxodo 16:3). Moisés pues le comunica al pueblo de Israel las siguientes palabras; *"Vuestras murmuraciones no son contra nosotros, sino contra Jehová"* (Éxodo 16:8). Es interesante la naturaleza humana. Mientras que todo esté bien, no existe ningún problema entre ellos y su Dios. Ah, pero cuando los tiempos de necesidad vienen a la vida, que pronto nos olvidamos de Dios. Este olvido aún nos lleva a murmurar contra nuestro Dios. Esto pues, me hace recordar de las palabras de Agur; *"No me des pobreza. No sea que siendo pobre, hurte y blasfeme el nombre de mi Dios"* (Proverbios 30:8-9). Qué tristeza que únicamente confiamos en Dios durante tiempos buenos y no malos.

Pero ponga atención a los versículos que hemos mencionado anteriormente. Porque Agur aún también habla de los tiempos de prosperidad. Considere sus palabras; *"No me des riquezas, no sea que me sacie y te niegue, y diga: ¿Quién es Jehová?* (Proverbios 30:8-9). De un extremo al otro. Salimos de los tiempos de necesidad, y gracias a Dios entramos en tiempos de prosperidad. Qué más prueba para seguir confiando en nuestro Dios, verdad. Sin embargo, con la prosperidad existe peligro de no confianza en Dios, sino en nuestro propio poder. Cuando el pueblo de Israel anduvo en el desierto por cuarenta años, ellos no gozaron de la prosperidad. Sino que Dios solamente les dio lo suficiente para cada día. Pero, Dios les prometió que un día entrarían en la tierra primera, y allí tendían prosperidad. Pero aún le comunicó a Moisés que él les comunicará las siguientes palabras antes de entrar a la tierra prometida; *"Cuídate de no olvidarte de Jehová tu Dios, para cumplir sus mandamientos, sus decretos, y sus estatutos que yo te ordeno hoy; no suceda que comas y te sacies, y edifiques buenas casas en que habites, y tus vacas y tus ovejas se aumenten, y la plata y el oro se te multipliquen, y todo lo que tuvieres se aumente; y se enorgullezca tu* corazón, y te olvides de Jehová tu Dios, que te saco de tierra de Egipto, de casa de servidumbre; que te hizo caminar por un desierto grande y espantoso, lleno de serpientes ardientes, y de escorpiones, y de sed, donde no había agua, y él te saco agua de la roca del pedernal; que te sustentó con Maná en el desierto, comida que tus padres no habían conocido, afligiéndote y probándote, para a la postre hacerte bien; y digas en tu corazón: Mi poder y la fuerza de mi mano me han traído esta reguera" (Deuteronomio 8:11-17). Esta es una realidad y peligro que existe cuando nos llega la abundancia. Comenzamos a confiar en nuestro propio poder y fuerzas. Esto me recuerda del Rey Nabucodonosor. Este rey aceptó que Jehová Dios era Dios de dioses, y que de Él todo procede (Daniel 2:47). Sin embargo, que pronto se olvidó de esto. Paseándose por el palacio real de Babilonia, él dijo; "¿No es esta la gran Babilonia que _yo_ edifiqué para casa real con la fuerza de _mi_ poder, y para gloria de _mi_ majestad? (Daniel 4:29-30). En estos versículos no se le da a Dios la honora y gloria por lo que él tenía. Sino considere los pronombres que se ven en estos versículos. Esto claramente nos enseña que Nabucodonosor se olvidó de Dios y comenzó a jactarse de su prosperidad, que él obtuvo por medio de sus fuerzas. A consecuencia de esto, Dios le arrojó con las bestia del campo hasta que reconociera que Dios le había dado todo (Daniel 4:34-37).

Así que, mi querido lector. Tenemos que tener mucho cuidado en nuestra vida. Vendrán tiempos cuando vamos a sufrir, tiempos cuando recibiremos lo mal de otras personas. Pero aún también nos vendrán tiempos de necesidad y tiempos de prosperidad. Vemos que cuando esto ocurre en nuestra vida, siempre confiemos en nuestro Dios. Él siempre estará con nosotros, nunca nos abandonará. Recordemos las palabras de David; "Joven fui, y he envejecido, y no he visto Justo desamparado, ni su descendencia que mendigue *pan"* (Salmo 37:25). Además, el consejo a los cristianos; *"Sean vuestras costumbres sin avaricia, contentos con lo que tenéis ahora; porque él dijo: No te desampararé, ni te dejaré"* (Hebreos 13:5).

La razón porque debemos confiar en Dios

El título de nuestro tema, aún indica la razón en porque debemos confiar en Dios, porque Él nos prepara una morada Celestial. Antes de que nuestro Señor ascendiera al cielo, a la diestra del Padre, él le dijo estas palabras a sus discípulos; *"No se turbe vuestro corazón; creéis en Dios, creed también en mí. En la casa de mi Padre muchas ornadas hay; si así no fuera, yo os lo hubiera dicho; voy, pues, a preparar lugar para vosotros. Y si me fuere y os prepararé lugar, vendré otra vez, y os tomaré a mí mismo, para que donde yo estoy, vosotros también estéis"* (Juan 14:1-3). Pero usted me preguntará, ¿qué no enseña el título que Dios nos preparará una morada Celestial? Y yo le diré que está en lo correcto. Porque Jesucristo es Dios (Juan 1:1; 17:5; Romanos 9:5; 1 Juan 5:7).

Mientras vivamos en este mundo, el Cristiano tiene la esperanza de algún día estar eternamente con Dios para siempre en la morada Celestial que él a preparado (Juan 17:24; 2 Corintios 5:8; Filipenses 1:21; Apocalipsis 22:3). Pero mientras, y hasta que él venga, el día que morimos nuestra alma se va al lugar provisional, el *hades*. Porque el Señor no se refiere al *hades* cuando nos enseña que el habrá de preparar una morada Celestial (Génesis 35:18; Lucas 23:43; cf. Hechos 2:27; Lucas 7:15; 16:19-31; Apocalipsis 20:13). Cuando nuestro Señor Jesucristo regrese, y el juicio final ocurra, entonces iremos a la morada que el Señor ha preparado para sus siervos. Esto pues, de acuerdo a las Escrituras, tiene que ser el cielo. Sí, el cielo es la morada Celestial que Dios a preparado para sus siervos. Según la Escritura, he aquí los eventos de la segunda venida del Señor. *Primeramente,* el Señor descenderá del cielo con voz de mando, con voz de arcángel, y con trompeta de Dios (1 Tesalonicenses 4:16ª; Apocalipsis 1:7). *Segundo,* los muertos en Cristo resucitarán primero, luego nosotros los que vivimos (Juan 5:29ª; 1 Corintios 5:23; 1 Tesalonicenses 4:16b,17; 1 Pedro 4:17). *Tercero,* después todos los demás serán resucitados y toda nación será ante el Señor juzgada (Mateo 25:31-33; Juan 5:29b). *Cuarto,* el juicio comenzará. Primeramente por la casa de Dios y luego los demás (1 Pedro 4:17; Mateo 25:31-46). *Quinto,* cada quien, de acuerdo a sus obras y juicio, irán al lugar destinado para ellos (Ecclesiastes 11:9; Mateo 12:36; Romanos 14:12; 2 Corintios 5:10; Gálatas 6:5; 1 Pedro 4:5; Apocalipsis 20:13). Algunos, según sus obras, escucharán las siguientes palabras; *"Venid, benditos de mi Padre, heredad el reino preparado para vosotros desde la fundación del mundo"* (Mateo 25:34; 2 Timoteo 4:7-8). Mientras que otros, según sus obras, escucharán las siguientes palabras; *Apartaos de mi, malditos al fuego eterno preparado para el diablo y sus ángeles"* (Mateo 25:41; Apocalipsis 20:10; 21:8).

Así que, la decisión es suya. Si usted quiere obtener la morada Celestial que Dios nos ha preparado, confíe en Dios. Pero recuerde, estrecha es la puerta, y angosto el camino que nos lleva a la morada Celestial. Y pocos son los que la recibirán. Todo empieza confiando en Dios (Mateo 7:14). Pero si a usted no le interesa la morada Celestial, pues entre por la puerta ancha. Porque espacioso es el camino que le llevará a la perdición. Y tenga por cierto, que no obtendrá la morada Celestial, sino el lago de fuego y azufre (Mateo 7:13; Apocalipsis 20:10).

CONCLUSIÓN

40

En conclusión solamente deje decir lo siguiente: *"Fíate de Jehová de todo tu corazón, y no te apoyes en tu propia prudencia"* (Proverbios 3:5). Por que el fin del camino del hombre es muerte (Proverbios 16:25). Así que; *"Encomienda a Jehová tu camino, y confía en él; y él hará"* (Salmo 37:5). *"confía en Jehová, y haz el bien, y habitarás en la tierra, y te apacentarás de la verdad"* (Salmo 37:3). También; *"Esperad en él en todo tiempo, oh pueblos; Derramad delante de él vuestro corazón; Dios es nuestro refugio"* (Salmo 62:8). Y siempre recuerde las palabras del salmista; *"Mejor es confiar en Jehová que confiar en el hombre"* (Salmo 118:8).

Notas

_____

_____

_____

CONFIANDO EN EL DIOS QUE HA PREPARADO UN JUICIO FINAL

Obed Pineda

 El hermano *Obed Pineda* colabora como predicador local de Southeast Church of Christ en la ciudad de San Antonio, TX. En el pasado ha colaborado con la Iglesia de Cristo en la ciudad de Galena Park, TX.

INTRODUCCIÓN

Es una verdad universal que el valor de una promesa depende de la persona quien la hace. Este hecho fundamental demuestra el impacto que hace la confianza en cualquier relación, pero también ilumina la esencia de una esperanza. Por ejemplo, si la persona quien promete es conocida como alguien que siempre cumple sus votos, esa palabra se convierte en un vehículo para la motivación a quien recibió la promesa. Esta integridad que define al que prometió, viene hacer un consuelo tranquilizante cuando el viaje se vuelve sombrío. Irrefutablemente, la convicción de que el premio al final de la búsqueda está asegurado hace que cualquier sacrificio agotante valga la pena; mucho más si el premio es uno eterno. He aquí la sabiduría del Espíritu Santo al promulgar, *"acerquémonos con corazón sincero, **en plena certidumbre de fe**, purificados los corazones de mala conciencia, y lavados los cuerpos con agua pura. Mantengamos firme, sin fluctuar, **la profesión de nuestra esperanza, porque fiel es el que prometió"*** (**Hebreos 10:22-23**, énfasis mío). Sin duda alguna, estas palabras son aguas frescas para las almas sedientas por la justicia Divina, pero lo opuesto igualmente es cierto. Para aquel quien hizo la lamentable decisión de no confiar en la Palabra de Dios, y descartarla como insegura, a tal hombre esta innegable verdad le provoca una garganta resecada por el temor de su terrible realidad. Por lo cual, la primera pregunta hecha por nuestro tema viene ser, ¿Quiénes son los que confían en el Dios que ha preparado un juicio final?

El Necio Error de Balac

Cuando el pueblo de Israel fue liberado de Egipto por Jehová Dios, noticia sobre la derrota de los enemigos de Israel se esparció entre los habitantes de Canaán. Los sucesos de la derrota devastadora del reino de Egipto por la mano poderosa del Dios de Israel, fue un aviso para los moradores de Canaán concerniente a los juicios de Dios. Debemos recordar que la historia revela que en ese tiempo Egipto era el reino más poderoso del mundo. Es por esta razón que la noticia sobre como Israel triunfó en quebrar el yugo egipcio de la esclavitud se esparció rápidamente por toda la tierra y provocó gran temor en las naciones vecinas de Egipto. Lamentablemente, aun así, hubo reyes que optaron por enfrentar a Israel en batalla, ignorando lo que había pasado con faraón y todo enemigo de Israel. Por algún motivo, se autoengañaron creyendo que el resultado sería diferente para ellos. Sin embargo, hubo un rey que confeccionó un plan malévolo para cerciorar su victoria. Dice la Sagrada Escritura:

"Y Moab tuvo gran temor a causa del pueblo, porque era mucho; y se angustió Moab a causa de los hijos de Israel. Y dijo Moab a los ancianos de Madián: Ahora lamerá esta gente todos nuestros contornos, como lame el buey la grama del campo. Y Balac hijo de Zipor era entonces rey de Moab. Por tanto, envió mensajeros a Balaam hijo de Beor, en Petor, que

está junto al río en la tierra de los hijos de su pueblo, para que lo llamasen, diciendo: Un pueblo ha salido de Egipto, y he aquí cubre la faz de la tierra, y habita delante de mí. Ven pues, ahora, te ruego, *maldíceme este pueblo, porque es más fuerte que yo; quizá yo pueda herirlo y echarlo de la tierra; pues yo sé que el que tu bendigas será bendito, y el que tu maldigas será maldito.*" (**Números 22:3-6**, énfasis mío)

Es curioso observar como la mente del necio lo lleva a conclusiones erróneas basadas en una lógica desviada. En el caso de Balac, aprendemos que en su mente la bendición o la maldición Divina era contingente del profeta quien la pronunciaba. En otras palabras, Balac erró al pensar que Dios acude a la voz del profeta, y no el profeta a la voz de Dios. Por esto, Dios le demuestra al rey de Moab que, aunque él sobornará a Balaam con "*su casa llena de plata y oro, no puedo traspasar la palabra de Jehová mi Dios para hacer cosa chica ni grande*" (**Números 22:18**, énfasis mío). El error necio de Balac es uno que se repite aún hoy en nuestra sociedad moderna. El hombre sigue sin entender que los verdaderos siervos de Dios *sirven* a Dios, y no al revés. Frecuentemente los que tales piensan, buscan a los varones de Dios para pedirles que oren a Él por ellos porque "saben" que Dios los oye. Sin embargo, el error es que se le da más confianza al hombre que a Dios cuando esto se hace. Balac no entendió que la bendición sobre Israel y la maldición sobre los enemigos de Israel procedían del mismo Dios. He aquí el sabio consejo del apóstol Pablo al exhortar "*Mira, pues, la bondad y la severidad de Dios; la severidad ciertamente para con los que cayeron, pero la bondad para contigo, si permaneces en esa bondad; pues de otra manera tú también serás cortado*" (**Romanos 11:22**, énfasis mío). ¡He aquí aquellos cuya confianza es en Dios! Debemos de aprender el beneficio de mirar la severidad de Dios. Una de las enseñanzas que eludió al Rey Balac es que se enfocó más en el castigo y no la raíz que la provocó. Él no aprendió del error de aquellos que cayeron ante la espada de Israel como consecuencia de su pecado. El profeta Isaías elabora esta enseñanza al hablar palabra de Jehová diciendo, *"Decid al justo que le irá bien, __porque comerá de los frutos de sus manos.__ ¡Ay del impío! Mal le irá, porque __según las obras de sus manos le será pagado__"* (**Isaías 3:10-11**, énfasis mío). Notemos como el profeta y el apóstol ambos demuestran que tanto la bendición como la maldición son *consecuencias* de nuestras acciones. Por lo cual, el Rey Salomón nos demuestra una lección muy valiosa referente a los juicios de Dios al escribir, *"alégrate joven, en tu juventud, y tome placer tu corazón en los días de tu adolescencia; y anda en los caminos de tu corazón y en la vista de tus ojos; __pero sabe, que sobre todas estas cosas te juzgará Dios__"* (**Eclesiastés 11:9**, énfasis mío). La necedad de Balac fue insistir en luchar contra Dios y creer que él podía conseguir un resultado diferente a Egipto. No entendió que el mensaje del Dios de Israel al derrotar los dioses de Egipto fue, y aún es, *"Yo soy Jehová, y __ninguno más hay; no hay Dios fuera de Mí__"* (**Isaías 45:5**, énfasis mío). Así que, claro está que aquellos quienes persisten en esta misma necedad de rechazar a Dios son los mismos que tiemblan al oír que habrá un Juicio Final. Pero aquellos quienes depositan su fe en Dios, Juez justo, no tienen por qué temer aquel día, siempre y cuando sigamos el consejo inspirado del apóstol amado.

La Terrible Realidad del Incrédulo

Decíamos al principio que el valor de una promesa depende de aquel quien la hizo. Esta enseñanza fue la misma que el Rey Balac neciamente ignoró aún después de que el profeta Balaam le recalcó

"*Balac, levántate y oye; escucha hijo de Zipor: **Dios no es hombre, para que mienta, ni hijo de hombre para que se arrepienta.** Él dijo, ¿y no hará? Habló, ¿y no lo ejecutará*" (**Números 23:18-19**, énfasis mío)? Dice la Palabra de Dios que aún después de esto, el rey no escuchó lo que Jehová le decía por medio de los labios de Balaam, sino al contrario "*se encendió la ira de Balac contra Balaam, batiendo sus manos le dijo: Para maldecir a mis enemigos te he llamado, **y he aquí los has bendecido ya tres veces**. Ahora huye a tu lugar; yo dije que te honraría, mas he aquí **que Jehová te ha privado de honra**"* (**Números 24:10-11**, énfasis mío). Observemos la expresión de Balac al no conseguir del profeta Balaam maldición para Israel. Sabemos que hay una diferencia muy importante entre la ignorancia y la incredulidad, y en Balac aprendemos esta valiosa lección. Cuando una persona no tiene conocimiento de cierto tema o cierta cosa, esto se define como ignorancia. Sin embargo, si la persona sabe y aún así rechaza, esto es incredulidad. Por lo cual, claro está que Balac fue incrédulo, y no ignorante, por cuanto rehusó creer la palabra que Dios habló por medio del profeta. Su incredulidad se manifiesta por su propia frustración al expresar, "*he aquí los has bendecido ya **tres veces**"* a pesar de que Balaam ya le había dicho repetidamente "*no podré traspasar el dicho de Jehová para hacer cosa buena ni mala de mi arbitrio, **más lo que hable Jehová, eso diré yo**"* (**Números 24:10b, 13** énfasis mío). Esta necedad de querer obligar al profeta maldecir a su enemigo es lo que lo hace blasfemar en contra de Jehová Dios al acusarle como el culpable de "*privar*" a Balaam de ser honrado por él. Tristemente esta reacción aún se ve hoy ya que el apóstol Juan nos revela que "*el que en Él cree, no es condenado; pero el que no cree, ya ha sido condenado, porque no ha creído en el nombre del unigénito Hijo de Dios. **Y ésta es la condenación: que la luz vino al mundo, y los hombres amaron más las tinieblas que la luz,*** *porque sus obras eran malas*. *Porque todo aquel que hace lo malo, aborrece la luz y no viene a la luz, para que sus obras no sean reprendidas"* (**Juan 3:18-20**, énfasis mío). He aquí la raíz amarga que alimentaba la necedad y desesperación de Balac. Él no quiso aceptar la Palabra de Dios porque no le convenía. Lo mismo fue cierto en el caso del gobernador romano Félix quién *"llamó a Pablo, y le oyó acerca de la fe en Jesucristo. Pero al disertar Pablo acerca de la justicia, del dominio propio, y del juicio venidero, Félix se espantó, y dijo: Ahora vete; pero cuando tenga oportunidad te llamaré. Esperaba también con esto, que Pablo le diera dinero para que le soltase; por lo cual muchas veces lo hacía venir y hablaba con él"* (**Hechos 24:24b-26**, énfasis mío). Es curioso ver los paralelos entre Balac y Félix y como ambos comprueban la verdad escrita por el apóstol Juan. Ambos oyeron lo que Dios les tenía que decir, pero por conveniencia terrenal rehusaron por aceptar Su palabra. ¿Y por qué la aborrecieron? Porque ambos tenían propósitos malévolos en contra de los siervos de Dios. Igualmente, ambos se espantaron al escuchar acerca de los juicios de Dios porque sus conciencias les acusaron, pero no obedecieron ya que voluntariamente ignoraron que *"si nuestro corazón nos reprende, mayor que nuestro corazón es Dios, y Él sabe todas las cosas"* (**1ᵉʳᵃ Juan 3:20**, énfasis mío). Por lo cual, nuestro Padre eterno nos declara en Su Palabra que tanto Balac como Félix, fueron incrédulos porque aborrecieron Su corrección ya que sus obras eran malas. Este aborrecimiento fue lo que alimentó la incredulidad y la necedad de ellos, que lamentablemente fue producto de estar *"escuchando a espíritus engañadores y a doctrinas de demonios; por la hipocresía de mentirosos...teniendo cauterizada la conciencia"* (**1ᵉʳᵃ Timoteo 4:1b-2**, énfasis mío). Ellos, y todo aquel que rechaza la Palabra de Dios, lo hicieron porque no quisieron aceptar la vara de la corrección del Padre celestial. Ya que esto hicieron, la incredulidad de

ellos ilumina la falta de confianza en Dios, pero también que no amaron a Dios como Padre.

El Engañoso "Amor" del Mundo

Cierto es que vivimos en una sociedad donde el amor se ha confundido por la tolerancia. Hoy en día el padre quien reprende a su hijo es visto como cruel e injusto. Según el mundo, cada quien tiene derecho a "vivir su vida" como lo deseen; aún si esto significa permitir que su vida sea derrochada. Al igual que Félix, el hombre incrédulo quiere que se le soborne con predicas que hablen del amor y la bondad de Dios para tranquilizar sus conciencias, pero rehúsan oír sobre el juicio venidero y el castigo del pecado. Al igual que Balac, cuando el varón de Dios habla Su palabra tal como Dios quiere que se presente, se molestan y optan por irse a una "iglesia" dónde ellos no son "juzgados." Esto hacen, acusando al predicador como el culpable del porque se fueron ya que "su" predica fue "muy legalista." Pero tales hombres siempre han existido, y existirán en cada generación. Es por esto que el apóstol Pablo exhorta *"que prediques la Palabra; que instes a tiempo y fuera de tiempo; redarguye, reprende, exhorta con toda paciencia y doctrina. Porque vendrá tiempo cuando no sufrirán la sana doctrina, sino teniendo comezón de oír, se amontonarán maestros conforme a sus propias concupiscencias"* (2^{nda} Timoteo 4:2-3, énfasis mío). Esto fue exactamente lo que busco hacer tanto Balac como Félix; procuraron buscar hombres que hicieron su voluntad y no la de Dios. Ya que esto hicieron, ellos vinieron a ser *"amadores de los deleites más que de Dios"* (2^{nda} Timoteo 3:4b, énfasis mío). Pero no hay duda que esta clase de amor es superficial y deja mucho que desear; es, imperfecto y transitorio. Durante vivía en el mundo, el Maestro advirtió a Sus discípulos *"guardaos de hacer vuestra justicia delante de los* hombres, para ser vistos de ellos; de otra manera **no tendréis recompensa de vuestro Padre que está en los cielos.** *Cuando, pues, des limosna, no hagas tocar trompeta delante de ti, **como hacen los hipócritas** en las sinagogas y en las calles, **para ser alabados por los hombres; de cierto os digo que ya tienen su recompensa**"* (**Mateo 6:1-2**, énfasis mío). Nuestro Redentor nos ilumina porque esta forma de amor es ineficaz e imperfecta. Cuando amamos al mundo más que a Dios, nos contentamos con lo mínimo y demostramos dónde está nuestra confianza. Recordemos que en este mismo sermón el Señor instruye "**dónde esté vuestro tesoro, allí estará también vuestro corazón**" (**Mateo 6:21**, énfasis mío). Por esta razón, el apóstol Juan nos inculca "*no améis al mundo, ni las cosas que están en el mundo. Si alguno ama al mundo, **el amor del Padre no está en él.** Porque todo lo que hay en el mundo, los deseos de la carne, los deseos de los ojos, ya vanagloria de la vida, **no proviene del Padre, sino del mundo. Y el mundo pasa, y sus deseos; pero el que hace la voluntad de Dios permanece para siempre**"* (**1ª Juan 2:15-17**, énfasis mío). Es sabio comprender lo que el apóstol, inspirado por el Espíritu Santo, nos está declarando en este pasaje concerniente al amor. Primero, miramos que el apóstol está haciendo una comparación entre dos tipos de amor; el amor por el mundo y el amor del Padre. En la comparación, el apóstol nos revela que es imposible poder amar al mundo y al Padre simultáneamente. En otras palabras, "**ninguno** puede **servir a dos señores; porque o aborrecerá al uno y amará al otro**, o estimará al uno y menospreciará al otro. **No podéis servir a Dios y a las riquezas**" (**Mateo 6:24**, énfasis mío). Nuestro Señor Jesucristo nos explica que el amor se demuestra en nuestro servicio. Por ende, si servimos a Dios amamos a Dios; si servimos al mundo, amamos al mundo. Pero he aquí la sabia instrucción del Maestro. No podemos servir a Dios y al mundo porque ambos se oponen el

53

uno del otro. Así que, querer agradar al mundo y a Dios es imposible porque lo que le agrada al mundo, desagrada a Dios; y lo que agrada a Dios, desagrada al mundo. El motivo por esta innegable realidad es la segunda enseñanza que el apóstol Juan nos provee. Dice Juan que lo que el mundo da como recompensa (los deseos de la carne, los deseos de los ojos, y la vanagloria de la vida) son cosas pasajeras y transitorias ya que *"el mundo pasa, y sus deseos."* El mundo no ofrece nada eterno ni permanente, porque no tiene ese poder para hacerlo. Por esto el apóstol Pablo recalca, *"los que son de la carne piensan en las cosas de la carne; pero los que son del Espíritu, en las cosas del Espíritu. Porque __el ocuparse de la carne es muerte__, pero __el ocuparse del Espíritu es vida y paz.__ Por cuanto los designios de la carne __son enemistad contra Dios__; porque no se sujetan a la ley de Dios, ni tampoco pueden"* (**Romanos 8:5-7**, énfasis mío). Pablo sabiamente nos descubre que el amar al mundo se demuestra en el tiempo que le dedicamos (es decir "ocuparnos") al mundo. Es por este mismo motivo que el Señor declaró que dónde este nuestro tesoro, allí es dónde estará nuestro corazón. Pero, ya que los asuntos del mundo están sujetos a muerte, claro está que este tipo de amor es incompleto porque *"__el amor nunca deja de ser__"* (**1era Corintios 13:8**, énfasis mío). Ya que el amor que el mundo ofrece sí tiene un fin, entonces se puede entender porque todo aquel que ama al mundo tiembla al oír de un juicio final ya que *"está establecido para los hombres que mueran una sola vez, __y después de esto el juicio__"* (**Hebreos 9:27**, énfasis mío). ¡He aquí porque ocuparse en la carne es muerte! Cuando el hombre deja su corazón aquí en la tierra, viene a imitar al rico insensato a quién se le demandó *"Necio, esta noche vienen __a pedirte tu alma__; y lo que has provisto, ¿de quién será? __Así es el que hace para sí tesoro, y no es rico para con Dios__"* (**Lucas 12:20-21**, énfasis mío). No hay duda alguna que cuando amamos este

54

mundo es porque depositamos nuestra confianza en la carne, e ignoramos que aún hay un juicio final.

El Poder Sublime del Perfecto Amor

Hemos podido comprobar entonces que el "amor" que el mundo ofrece no es amor puro ni completo. Juan ya nos lo dijo en comparar el amor del mundo que es pasajero con el amor del Padre que es eterno (**1era Juan 2:15-17**). También hemos visto que es un amor nacido de la conveniencia carnal y es alumbrada cuando le damos prioridad a lo terrenal más que a lo espiritual. A los que viven su vida enfocada en este mundo el Señor les hace la siguiente pregunta: *"¿Qué aprovechará al hombre, si ganare todo el mundo, y perdiere su alma? ¿O qué recompensa dará el hombre por su alma"* (**Mateo 16:26**)? No olvidemos que nuestro Señor Jesús hizo esta pregunta, estaba anunciando Su muerte e invitando a Sus discípulos que Le siguiesen (**Mateo 16:24-28**). Es insensato no mencionar que Él no les escondió a Sus discípulos que Su invitación requería plena confianza en Él ya que hay peligro de muerte física. Pero, a la misma vez promete que *"todo el que pierda su vida por causa de Mí, __la hallará__"* (**Mateo 16:25b**, énfasis mío). Al principio decíamos que aquellos que temen los juicios de Dios son los mismos que rechazan las palabras dichas por Dios. Pero, aquellos que aceptan las palabras de Dios y las hacen, ellos están demostrando su amor al Padre. Es menester entender que la obediencia es semejante a la confianza. Cuando el hombre opta por confiar en Dios, él permite que Dios dirija. Igualmente, cuando el hombre confía plenamente en Dios, él viene amar a Dios porque dice las Sagradas Escrituras *"Si me amáis, __guardad Mis mandamientos__"* (**Juan 14:15**, énfasis mío). Una vez más la Biblia nos demuestra que el amor se viene a demostrar en nuestro servicio. Lo importante es que este amor **no** es temporal ni deja de ser al morir. Cuando confiamos en Dios, ese amor que exhibimos con nuestra vida nos perfecciona para la próxima vida; la vida en la eternidad. Dice el apóstol Juan:

*"Todo aquel que confiese que Jesús es el Hijo de Dios, **Dios permanece en él, y él en Dios**. Y nosotros hemos **conocido y creído el amor que Dios tiene para con nosotros**. Dios es amor; y el que permanece en amor, permanece en Dios, y Dios en él. **En esto se ha perfeccionado el amor en nosotros, para que tengamos confianza en el día del juicio final**; pue como Él es, así somos nosotros en este mundo. En el amor **no hay temor**, sino que el **perfecto amor echa fuera el temor**; porque el temor lleva en sí castigo. De donde el que teme, no ha sido perfeccionado en el amor"* (**1era Juan 3:15-18**, énfasis mío).

El amor que Dios ofrece es perfecto porque hace una promesa eterna, que elimina la duda en el corazón de todo aquel que ama a Dios. El apóstol inspirado nos da la razón porque debemos confiar en el Dios que ha preparado un juicio final: *"Nosotros le amamos a Él, **porque Él nos amó primero**"* (**1era Juan 3:19**, énfasis mío). El error está en mirar el juicio final del punto de vista del hombre incrédulo. Para nosotros que permanecemos en el amor del Padre, es un día glorioso porque Su amor nos da la confianza de que *"el fundamento de Dios **está firme, teniendo este sello: Conoce el Señor a los que son Suyos**; y: Apártese de iniquidad todo aquel que invoca el nombre de Cristo"* (**2nda Timoteo 2:19**, énfasis mío). Tanto el apóstol Juan como el apóstol amaron la venida del Señor porque sabían que para ellos lo que esperaba era una corona incorruptible. Es de suma importancia que el Cristiano sepa que para aquel que ha permanecido fiel, el Juicio Final es un momento de victoria para él. Para aquellos cuyo amor ha sido perfeccionado por el Padre, confían en las promesas echas por Él. Lo hemos dicho en toda esta lección: El valor de una promesa depende de Aquel quién la hizo. Ya que es Dios el que promete, el escritor a los hebreos nos ánima, *"acerquémonos con corazón sincero, **en plena certidumbre de fe**, purificados los corazones de mala conciencia, y lavados los cuerpos con agua pura. **Mantengamos firme, sin fluctuar, la profesión de nuestra esperanza, porque fiel es el que prometió"*** (**Hebreos 10:22-23**, énfasis mío). Para el Cristiano, oír enseñanzas sobre el Juicio Final o la segunda venida del Señor no debe inspirar temor porque el amor Divino promete eterna salvación. Es menester realizar que tanto el premio como el castigo eterno depende de la decisión que cada persona toma en relación a la palabra de Dios. Dios no ha escondido de la humanidad que Él ha establecido este día; al contrario, lo ha anunciado desde el principio. Pero seamos sabios y entendamos que el fin de proveernos con este anuncio es para que *"procuramos también, o ausentes o presentes, serle agradables. Porque **es necesario que todos nosotros comparezcamos ante el tribunal de Cristo**, para que cada uno **reciba según lo que haya hecho mientras estaba en el cuerpo, sea bueno o sea malo"*** (**2nda Corintios 5:9-10**, énfasis mío). Dios nos ha prometido que Él nos amó primero, y lo confirma al recordarnos que Él *"muestra Su amor para con nosotros, en que **siendo aún pecadores, Cristo murió por nosotros**. Pues mucho más, estando **ya justificados en Su sangre**, por Él seremos **salvos de la ira"*** (**Romanos 5:8-9**, énfasis mío). Por lo cual, los que permanezcamos en el amor del Padre, no ponemos nuestra mirada en las cosas terrenales ni tememos aquel día. Al contrario, para nosotros es la confianza que en aquel día se nos ha prometido que *"está guardada la corona de justicia, la cual me dará el Señor, **juez justo**, en aquel día; y no solo a mí, sino también a **todos los que aman Su venida"*** (**2nda Timoteo 4:8**, énfasis mío). ¿Por qué confío en el Dios que ha preparado un juicio final? Porque sé que, si permanezco fiel en Su Palabra, para mí será un día de júbilo y no de llanto porque "*yo sé a Quién he creído, y estoy seguro que es poderoso para guardar mi depósito para aquel día*" (**2ⁿᵈᵃ Timoteo 1:12**, énfasis mío).

Bibliografía

Calçada, Leticia S., *Diccionario Bíblico Ilustrado Holman* (Nashville, TN: B&H Publishing Group, 2008)

Reina Valera Revisada (1960) (Miami: Sociedades Bíblicas Unidas, 1988).

Strong, James. *Nueva Concordancia Strong Exhaustiva de la Biblia* (Nashville, TN: Editorial Caribe, Inc., 2002)

Notas

Obed Pineda

CONFIANDO EN EL DIOS QUE NOS GUÍA A TRAVÉS DE SU PALABRA

Willie A. Alvarenga

 El hermano *Willie A. Alvarenga* es egresado de la Brown Trail School of Preaching (2001). En el 2016 recibió su licenciatura en Biblia de la universidad cristiana de Heritage en Florence, Alabama. En el presente trabaja como director e instructor de la Escuela de Predicación de Brown Trail. También está colaborando como predicador de la Iglesia de Cristo de Western Heights (bilingüe). Nuestro hermano es autor de más de 30 libros los cuales están disponibles en cualquier parte del mundo (www.alvarengapublications.com y www.regresandoalabiblia.com).

Todos los lunes predica en vivo por www.btradio.net en su programa radial, "Instruyendo a la Hermandad". Nuestro hermano ha predicado la Palabra de Dios en Estados Unidos, México, El Salvador, Costa Rica y Panamá. Willie está casado con la hermana Lucy, y ambos tienen dos hijas, Maggie & Vanessa. Maggie está casada con el hermano Marco Arroyo, quien predica en la ciudad de Aledo, TX.

INTRODUCCIÓN

¡Qué gran bendición gozan los cristianos de poder participar en conferencias como estas, donde la Palabra de Dios se predica y a la misma vez se goza de la comunión unos con otros! Las conferencias *Regresando a la Biblia* han sido una gran bendición por los últimos once años, siendo esta la número doce. En cada una de estas conferencias la Palabra de Dios ha sido predicada en su pureza, y la hermandad ha sido grandemente bendecida. Con la ayuda de nuestro Padre celestial deseamos continuar llevando a cabo este esfuerzo para la honra y gloria de nuestro Dios, por lo

que pedimos de sus oraciones para que este sea el caso.

En esta ocasión se me ha asignado el tema, "Confiando en el Dios que nos guía a través de Su Palabra". A continuación el panorama de lo que vamos a estar estudiando esta hora: (1) La importancia de confiar en Dios, (2) La naturaleza de la Palabra de Dios, (3) La manera de cómo Dios nos guía a través de Su Palabra, y (4) Las actitudes que debemos poseer hacia las Escrituras.

Le animo que por favor preste mucha atención a esta lección ya que el objetivo principal es motivarle a tener una profunda confianza a Dios y un profundo respeto y admiración por Su Palabra. Por muchos años he tratado de animar al pueblo de Dios a ser estudiantes diligentes de la Biblia; esta ocasión no es la excepción. Por lo tanto, estudiemos juntos este tema, y que la gloria y la honra sea siempre para nuestro Padre celestial.

LA IMPORTANCIA DE CONFIAR EN DIOS

Es lamentable admitirlo pero vivimos en un mundo donde muchos cristianos batallan en poner su confianza en Dios. Creo que esto se debe a la falta de conocimiento de quién es Dios y lo que ha hecho y puede hacer por nosotros. Es imperativo que el cristiano reconozca que Dios es el Creador de los cielos y la tierra (Génesis 1:1; Salmo 19:1; 33:6, 9). Dios es aquel que nos rescató del pecado a través de la sangre preciosa de Su Hijo, Cristo Jesús (1 Pedro 1:18-20; Juan 1:29). Dios es aquel que nos dio vida cuando estábamos muertos en delitos y pecados (Efesios 2:1). Es aquel que nos amó de tal manera que envió a Su Hijo a morir por nosotros para que podamos tener vida eterna a través de una fe obediente en Su Hijo (Juan 3:16).

El cristiano debe poseer una confianza total en Dios porque fiel es Él y nunca nos va a decepcionar (2 Timoteo 2:11-13; 1 Corintios 1:9; Hebreos 10:23). Usted y yo podemos leer desde Génesis hasta Apocalipsis y observar claramente cómo Dios nunca ha fallado a Su pueblo. Su fidelidad permanece para siempre (Salmo 100:5; 119:90). Ser fiel es la naturaleza de Dios. El día que Dios deje de ser fiel, es el día que cesa de ser Dios. Sin embargo, esto nunca va a suceder, porque Su fidelidad permanece para siempre. Así que, he aquí entonces la razón por la cual usted y yo debemos poner nuestra confianza total en nuestro Dios.

LA NATURALEZA DE LA PALABRA DE DIOS

Cuando hablamos de la Biblia estamos hablando del libro más importante que la historia humana haya tenido. Según la Biblia misma, la Palabra de Dios es fiel (Salmo 33:4). En ella podemos poner nuestra esperanza (Salmo 119:114). Ella nos guía por el camino correcto (Salmo 119:105). La Ley de Jehová tiene el poder para sostenernos en medio de la aflicción, y lo hace recordando las promesas de Dios y su ayuda para con nosotros (Salmo 55:6; 34:19; 121:1-2; 27:1, 10; 1 Pedro 5:7; Filipenses 4:6; Hebreos 13:5; Mateo 28:20). Las Escrituras proveen felicidad al alma (Jeremías 15:16). Ellas tienen el poder para transformar nuestras vidas (Romanos 12:1-2; 2 Corintios 5:17).

La Biblia misma tiene el poder para salvar nuestras almas ya que nos muestra la voluntad de Dios respecto a la salvación (2 Timoteo 3:15; Santiago 1:21). Tiene poder para ayudarnos a confiar en ella dado a que es dada literalmente por el aliento de Dios (2 Timoteo 3:16). Tiene poder para prepararnos para toda buena obra y lograr esa madurez espiritual que Dios

Willie A. Alvarenga

desea (2 Timoteo 3:17; 2 Pedro 1:3; Efesios 4:11-16).

Cuando entendemos todo esto y más sobre la Palabra de Dios, nos ayuda a tener una plena confianza en el poder de las Escrituras. No existe duda alguna de que la Palabra de Dios ha sido diseñada para nuestro beneficio espiritual. Dios nos ayude a confiar en ella plenamente.

¿CÓMO NOS GUÍA DIOS A TRAVÉS DE SU PALABRA?

Cada Cristiano debe saber muy bien la manera de cómo Dios nos guía en la actualidad. Algunos argumentan que Dios nos guía de una manera milagrosa a través del Espíritu Santo. Se sugiere que el Espíritu Santo nos guía y nos recuerda qué es lo que debemos hacer para mantenernos en el camino correcto. Algunos utilizan Juan 14:26; 15:26 y 16:13 para justificar esta clase de conclusión. Sin embargo, es importante que los textos de dichos pasajes se mantengan en su contexto para una mejor interpretación del texto. Los pasajes de Juan tienen aplicación solamente para los apóstoles de Jesucristo. A ellos se les hizo la promesa de que el Espíritu Santo iba a venir sobre ellos, luego iban a ser vestidos con poder de lo alto y tendrían el poder para recordar lo que Jesús ya les había enseñado durante Su ministerio en la tierra. Los siguientes pasajes deben ser mantenidos en su contexto para llegar a esta conclusión (Lucas 24:49; Hechos 1:8; Marcos 13:11).

Así que, si Dios no nos guía de una manera milagrosa a través del Espíritu Santo, entonces la pregunta surge, ¿Cómo es que nos guía? La respuesta es simple: Dios nos guía a través de Su Palabra inspirada. Esta palabra fue inspirada por Dios y el

Espíritu Santo. Note lo que dice 2 Pedro 1:20-21, "Entendiendo primero esto, que ninguna profecía de la Escritura es de interpretación privada, porque nunca la profecía fue traída por voluntad humana, sino que los santos hombres de Dios hablaron siendo inspirados por el Espíritu Santo". Por medio de este pasaje el apóstol Pedro nos enseña que los autores que escribieron la Biblia fueron guiados por el Espíritu Santo. Este pasaje también enseña que la Palabra de Dios no es de interpretación privada, lo cual sugiere que usted y yo no tenemos la libertad de interpretarla como a nosotros nos guste. La Palabra siempre debe ser interpretada conforme a la voluntad de Dios. Dicha Palabra siempre debe estar en armonía con lo que Dios dice.

La única manera de cómo podemos conocer la voluntad de Dios para guiar nuestros pasos por el camino correcto es a través de lo que la Biblia nos enseña (Salmo 119:105; 119:130). Todo aquel que desee hacer la voluntad de Dios va a considerar cuidadosamente las Escrituras, y las pondrá en práctica (Juan 7:17; Santiago 1:22-25; Lucas 11:28).

Por lo tanto, si Dios nos guía a través de Su santa Palabra, entonces esto implica que usted y yo debemos esforzarnos por conocerla bien y manejarla con precisión (2 Timoteo 2:15). Debemos esforzarnos por crecer en el conocimiento de ellas (2 Pedro 3:18). Esto entonces implica también que debemos aprender cómo interpretarla correctamente. Es aquí entonces donde cada Cristiano debe estar muy bien familiarizado con los principios de interpretación bíblica. Por principios me refiero a reglas que se deben aplicar al texto para conocer muy bien lo que el autor original quiso decir. A esta práctica se le llama también "exegesis". Esta palabra significa guiar, llevar, sacar. El estudiante diligente de la Biblia debe aprender como guiar, llevar y sacar el verdadero significado del texto bajo consideración. El énfasis siempre debe estar en lo que el autor quiso decir. Para llegar a esta parte, el estudiante diligente debe considerar el contexto remoto, inmediato, y general de la Biblia. Debe considerar la clase de lenguaje que se utiliza por el autor, si éste es figurado o literal. Se debe examinar el significado de las palabras que aparecen en el texto y cómo dichas palabras se conectan la una con la otra en su respectivo contexto.

Los Cristianos que ponen todo su empeño en el estudio diligente de las Escrituras podrán gozar del beneficio de conocer su verdadero significado y al conocerlo, podrán saber la voluntad de Dios y por donde deben guiar sus pasos. Es por esta razón que animo a todos a que tomemos el tiempo para estudiar la Palabra de Dios de tal manera que podamos conocer Su voluntad (Efesios 5:17). Recordemos que la voluntad de Dios puede ser entendida (Juan 8:32; Efesios 3:4; 5:17). Procuremos lo mejor posible de no guiarnos por el camino que nosotros pensamos que es el correcto. Dios dice que nosotros no somos señores de nuestro camino (Jeremías 10:23), y si lo hacemos de esta manera, podremos llegar a la muerte (Proverbios 14:12; 16:25).

Deseo ahora concluir este breve estudio hablando sobre la clase de actitud que debe existir en nuestra vida sobre las Escrituras.

¿CUÁL DEBE SER NUESTRA ACTITUD HACIA LAS ESCRITURAS?

Esta es una pregunta que todos debemos contestar y contestar correctamente. La actitud que usted y yo tengamos hacia la Biblia determinará si en

realidad vamos a permitir que Dios nos guie a través de Su Palabra. En las páginas del Antiguo Testamento observamos cómo algunos tuvieron una actitud negativa hacia la Palabra de Dios. Por ejemplo, el pueblo de Israel fue exhortado a seguir el camino de Dios y Su Palabra; sin embargo, ellos rehusaron hacerlo (Jeremías 6:16). En nuestra actualidad, las cosas no han cambiado. Todavía existen algunos que continúan rechazando la Palabra de Dios. Esto se hace cuando solamente nos conformamos con estudiar la Biblia los miércoles y los domingos. También se puede observar cuando rehusamos obedecer lo que Dios pide en las Escrituras. En lo personal hago un llamado a que pongamos nuestra confianza en Dios y que también obedezcamos Su voluntad.

Observemos entonces cuál debe ser nuestra actitud hacia las Escrituras. Le invito a que consideremos 2 actitudes esenciales: (1) Debemos recibirlas con mansedumbre (Santiago 1:21). Recibir la Palabra con mansedumbre denota una actitud de gentileza y bondad hacia la Palabra de Dios. Denota el no ponerle "peros" a lo que Dios nos enseña a través de ella. Así que, necesitamos mansedumbre para poder ser guiados por la Palabra de Dios. (2) Debemos tener mucho amor por las Escrituras (Salmo 119:97). Si no hay amor para con las Escrituras, tampoco podremos disfrutar el beneficio que ellas traen a nuestra vida. El amor por las Escrituras nos llevará a estudiarla (2 Timoteo 2:15), memorizarla (Salmo 119:11), leerla (1 Timoteo 4:13), y obedecerla (Santiago 1:22). Cuando hay verdadero amor por las Escrituras esto nos ayudará a querer pasar tiempo con ellas.

Estimado lector, hoy, más que nunca, necesitamos poner nuestra plena confianza en Dios para que nos guie a través de Su santa y divina Palabra.

Reconozcamos el gran poder que las Escrituras tienen para guiarnos por el camino correcto.

CONCLUSIÓN:

Así que, en este breve estudio hemos considerado: (1) La importancia de confiar en Dios, (2) la naturaleza de la Palabra de Dios, (3) la manera de cómo Dios nos guía a través de Su Palabra, y (4) las actitudes que debemos poseer para ser guiados por medio de la Palabra de Dios. ¡Qué sea nuestro Padre celestial el que nos guíe siempre a través de Su Palabra! Y, permitamos hermanos, que Dios nos guíe siempre.

Notas

_____
_____
_____
_____
_____
_____
_____
_____
_____
_____
_____
_____
_____
_____
_____
_____
_____
_____

Confiando en Dios y Su Palabra

Clases Separadas:
Varones, Mujeres, y Jóvenes

Confiando en **Dios** *y Su* **Palabra**

CONFIANDO EN DIOS PARA UN HOGAR CRISTIANO

Benjamín García

 El hermano Ben García es ministro y anciano de la Iglesia de Cristo de Port of Brownsville. Trabaja como maestro de matemáticas en la preparatoria y colegio. Nuestro hermano está casado con su esposa Peggy, y ambos tienen tres hijos: Julia Cárdenas, Nathaniel y Benjamín.

INTRODUCCIÓN

Una de las instituciones diseñadas por Dios es el Hogar. Es necesario entender y reafirmar los principios bíblicos relacionados con el hogar. ¿Por qué? Tristemente muchos hogares en el mundo y aun dentro de las congregaciones de la Iglesia del Señor están fallando. ¿Cuál es la razón principal porque muchos hogares (familias) están fallando? Bueno, es porque no oímos y hacemos las palabras del Señor. ¿Recuerda cuando el Señor dijo "el que oye mis palabras y las hace le comparare a un hombre prudente que edificó su casa sobre la roca..."? en la conclusión del Sermón del Monte en Mateo 7:24-27 el Señor trata con dos fundamentos por debajo de una casa, uno es firme y estable que cuando la lluvia desciende, los ríos salen de su cauce y los fuertes vientos golpean sobre esa casa, la casa no cae porque estaba fundada sobre un fundamento estable y firme. Lo contrario del segundo fundamento; que cuando desciende la lluvia, los ríos salen de su cauce, y los fuertes vientos golpean contra esa casa, tristemente cayó y su ruina fue grande. ¿Cuál fue la causa?, su fundamento no era firme y estable.

74

Si nosotros queremos tener una casa, una familia, un hogar estable es necesario poner toda nuestra confianza en Dios. Notemos lo que se escribe en los Hebreos en el capítulo 3 y verso 14 cuando escribe *"porque somos hechos participantes de Cristo, con tal que retengamos firme hasta el fin nuestra <u>confianza</u> del principio"* La palabra que usa el escritor "confianza" significa según el léxico J. H. Thayer "por debajo, subestructura, fundamento" Entonces, si queremos nosotros poner nuestra confianza en Dios para un hogar cristiano, es necesario que esa confianza esté bien cimentada, bien fundada sobre algo estable e inmovible.

Si es el deseo nuestro tener un hogar cristiano pongamos atención a la condición del escritor a los Hebreos "con tal que". Es importante que la confianza que tengamos en Dios esté basada en "<u>oír y hacer lo que sus palabras enseñan</u>". Esa fue la conclusión del Señor Jesucristo allí en Mateo 7:24. A través de la Escritura podemos observar algunos ejemplos de algunas familias que nos enseñan lo que debemos y no debemos hacer para agradar a Dios y así tener un hogar cristiano:

El Hogar de Lot. Note en las decisiones que Lot hizo cuando finalmente tiene que apartarse de Abraham. Cuando su tío Abraham le dice "te ruego que te apartes de mí, si te fueres a la mano izquierda, yo iré a la derecha, y si tú a la derecha, yo iré a la izquierda" Génesis 13:9 ¿y qué es lo que hace Lot? "alzó sus ojos, y miró toda la llanura del Jordán…" Lot optó por confiar en sus ojos y los deseos de su carne. Cuando en lugar de poner nuestra confianza en Dios, la ponemos en nuestros ojos, la ponemos en la carne, los resultados pueden ser desastrosos. El apóstol Juan claramente nos

dice lo que significa poner nuestra confianza en los ojos. Note en I Juan 2:15-16 *"no améis al mundo ni las cosas que están en el mundo. Si alguno ama al mundo, el amor del Padre no está en él. Porque todo lo que hay en el mundo, los deseos de la carne, los deseos de los ojos, y la vanagloria de la vida, no proviene del Padre sino del mundo. Y el mundo pasa y sus deseos, pero el que hace la voluntad de Dios, permanece para siempre".* Cuando Lot escogió por sus ojos y su carne, y por no haber puesto la confianza en Dios, ¿Qué fue lo que trajo a su familia? Estando ya en Sodoma, ciudad que pronto iba a ser destruida por causa de la corrupción e inmoralidad que había en ella, Dios envía sus ángeles para advertir a Lot y a pedirle que saliera de la ciudad ¿Qué es lo que hace cuando la gente de la ciudad quería conocer a esos varones? Estaba dispuesto a dar a sus hijas. Posteriormente, los ángeles le apuraban a que saliera con su familia, "Lot se detiene" Finalmente, los ángeles los asieron de la mano y los sacan de la ciudad. Ya estaban a salvo, solo tenían que seguir escapando por sus vidas al monte y de no mirar tras ellos. Pero, ¿Qué sucede? La mujer de Lot "miró atrás a espaldas de él" y se quedó en el camino a la salvación. Esto es lo que sucede cuando confiamos en los ojos y la carne y no tenemos una confianza firme y estable en Dios.

El Hogar de Elimelec. Había una gran escasez en la tierra de Judá en esos tiempos. Entonces, era necesario para Elimelec hacer una decisión inmediata que afectaría a su hogar. Hay momentos en la vida cuando tienes que decidir. Pero, en las decisiones que hacemos siempre es necesario buscar la ayuda de Dios y poner todo en Sus manos. Elimelec quizás pudo haber aguantado un poco la escasez pero decide rápidamente y se van a la tierra de Moab. Elimelec hizo, como Lot, (Génesis 13:10) lo que su carne deseaba, lo que sus ojos miraron. ¿Y qué sucedió con el tiempo?

Desafortunadamente, muere el jefe de familia Elimelec. La Biblia no nos dice que tanto tiempo pasó desde cuando llegó la familia a la tierra Moab hasta la muerte de Elimelec. Lo que sí sabemos es que murió. ¿Qué hubiera sucedido si Elimelec y su familia hubieran aguantado la escasez un poco en Judá? Es probable que estuviera vivo y no nos hallaríamos leyendo esto acerca de él. Quizás, no tuvo la confianza en Dios para proveer para su hogar. Otro acontecimiento es que sus hijos después de tomar mujeres para sí mismos, diez años después también murieron. ¿Qué cosas no? Elimelec y sus hijos experimentaron lo que estaban huyendo de Judá, la muerte. Toda esta familia fue a dar a un lugar lejos de Dios, y esto sucede. Acordémonos lo que dice Santiago 4:8 "Acercaos a Dios y Él se acercara a vosotros…" Todos los varones de este hogar mueren en la tierra de Moab. Las mujeres quedaron viudas.

Algo importante que debemos de aprender de este acontecimiento es que no importa cuál sea la decisión que tomemos en la vida, es necesario tomar en cuenta a Dios. Es necesario tener una firme y cimentada confianza en Dios para que en todo se haga la voluntad de Dios. No debemos alejarnos lejos de las bendiciones que Dios da. Nos damos cuenta, unos versos después en el libro de Rut, que Dios bendijo a la tierra de Judá tiempo después. En ocasiones Dios nos prueba y perdemos la confianza en Dios, y hacemos decisiones que tienen un impacto en nuestras vidas y afectamos las vidas de aquellos que nos rodean. Pongamos nuestra confianza en Dios para un hogar cristiano.

El Hogar de Cornelio. Un hombre y cuya familia eran piadosos y temerosos de Dios. Y no solo eso, sino que también tenían buen testimonio de toda la nación de los judíos. Oraban a Dios constantemente y participaban para las necesidades de la gente en el

pueblo. Hechos 10.

Aun y cuando todavía no eran miembros de la familia de Dios. Ellos tenían una gran y firme confianza en Dios. Por eso, Dios les pone los medios para señalarles más correctamente Su camino. Era tanta su confianza en Dios que Dios envía Su ángel para darles a conocer la manera en cómo podían ser salvos. De inmediato, envían traer a aquel que habría de hablarles palabras por medio de las cuales serían salvos. Santiago 1:21, I Pedro 2:2. Una cosa interesante que notamos en esta familia es de que era tanta su confianza en Dios que Cornelio había convocado a toda su familia y a sus amigos más íntimos, estaban esperando la llegada de Pedro. Algo sorprendente que este hombre dijo a Pedro es "estamos aquí en la presencia de Dios, para oír todo lo que Dios te ha mandado" Hechos 10:33. Entonces, Pedro inició su discurso. Los resultados de la actitud y conducta de Cornelio en su comunidad le trajeron a él y a toda su familia y aun a sus amigos más íntimos grandes bendiciones. "Mientras aun hablaba Pedro estas palabras, el Espíritu Santo cayó sobre todos los que oían el discurso" Hechos 10:44. Era tan sorprendente que los mismos judíos que acompañaron a Pedro quedaron atónitos, quizás pensaron que solo ellos eran los únicos en recibir las bendiciones de Dios como en este caso, los gentiles recibieron el Espíritu Santo y hablaban en lenguas y magnificaban el nombre de Dios. Una vez que estas cosas suceden Pedro les manda bautizarse y así de esta manera este hogar recibe la salvación que es por medio de nuestro Señor Jesucristo.

La familia de Cornelio es un gran ejemplo para todos nosotros. Necesitamos imitar esa confianza que había en la familia de Cornelio. Pablo dijo "mirad a los que así se conducen según el ejemplo que tenéis en vosotros" Filipenses 3:17.

Finalmente, si queremos ser hechos participantes de Cristo, necesitamos retener firme hasta el fin nuestra confianza del principio. Además, si queremos seguir como parte de la familia de Cristo es necesario mantener firme hasta el fin la confianza y el gloriarnos en la esperanza Hebreos 3:6. Es de suma importancia tener una confianza sólida y cimentada en Dios. Pero, también es necesario que se mantenga firme hasta el fin. Recordemos las palabras de Pablo a los hermanos en Corinto I Corintios 15:58. Algo muy importante que escribe el escritor a los Hebreos y que es necesario atender es lo que dice en Hebreos 10:35 "No perdáis pues vuestra confianza que tiene grande galardón" Por último, una confianza en Dios implica lo que el Señor Jesucristo dijo al final del sermón del monte "aquel que oye mis palabras y las hace, le comparare a un hombre prudente que edificó su casa sobre la roca..." y sabemos el resto de la historia.

Bibliografía
J.W Thayer, Greek-English Lexicon

Notas

_____
_____
_____
_____
_____
_____
_____
_____

CONFIANDO EN DIOS EN LOS DÍAS DE TU JUVENTUD

Andrew Martínez

El hermano *Andrew Martínez* nació en Carrizo Springs, TX. Nuestro hermano recibió su licenciatura en administración de negocios de la universidad de Texas en San Antonio (2006). En el 2015 nuestro hermano comenzó a predicar para la Iglesia de Cristo en Carrizo Springs, TX. Nuestro hermano es soltero y ha gozado de la oportunidad de predicar la Palabra de Dios en conferencias, reuniones de jóvenes y campañas evangelísticas.

INTRODUCCIÓN

Juana de Arco, sin entrenamiento militar, convenció a los líderes de su país para que le otorgaran una posición de mando sobre el ejército francés. Se cortó el pelo, se puso la ropa de hombre, se fue a la batalla y pudo derrotar a las fuerzas inglesas que habían asediado la ciudad de Orleans. Ella se convirtió en un héroe nacional. Y tenía 17 años. Alejandro Magno fue una de las mentes militares más grandes que este mundo haya conocido. Estableció el imperio más grande que el mundo antiguo jamás había visto. En 15 años de conquista, Alejandro nunca perdió una batalla. Y cuando Alexander tuvo su primera batalla, tenía 18 años. Blaise Pascal desarrolló la calculadora a los 19 años de edad. Louis Braille desarrolló el lenguaje Braille para ciegos a los 15 años. Mary Shelley escribió Frankenstein a los 18 años de edad. Mozart escribió su primera sinfonía a los 8 años. ¿Qué tan poderoso es un joven con una convicción? ¿Qué tan impactante es una

82

persona joven con el coraje de actuar de acuerdo con esa convicción?

La juventud es la edad de aprendizaje. Es el momento en que la información se absorbe a un ritmo rápido, las creencias y los valores comienzan a establecerse, y las actitudes y los hábitos se forman rápidamente. Lo que finalmente significa es que el personaje comienza a tomar forma durante las primeras etapas de la vida. En otras palabras, el alma de una persona joven es una propiedad primordial para la conversión. Las encuestas parecen apoyar la idea de que las creencias religiosas se establecen a una edad temprana. Según estudios de investigación, la mayoría de las conversiones se producen antes de los 21, y la probabilidad de que una persona se convierta en los últimos años disminuye con el tiempo.

Piensa en algunas de las mejores cualidades de los jóvenes. Son idealistas, intactos por los reveses de la vida. Los jóvenes son enérgicos y entusiastas. Son los jóvenes los que parecen mostrar más pasión a veces. A menudo, son los últimos en rendirse y rendirse (cf. Juan 8: 9). Son los últimos en decir: "No es posible" (ver a David y Goliat). Debido a cualidades como estas, los jóvenes son poderosos agentes de influencia y cambio. Dios sabe esto. Él manda a los padres en Deuteronomio 6 para enseñar a sus hijos. El tema que deben enseñar es Dios. Deuteronomio 6:4-7, "Oye, Israel: ¡Jehová nuestro Dios, el Señor uno es! (5) Amarás al SEÑOR tu Dios con todo tu corazón, con toda tu alma y con todas tus fuerzas (6). "Y estas palabras que yo te mando hoy estarán en tu corazón. (7) Debes enseñarles diligentemente a tus hijos y hablar de ellas cuando te sientas en tu casa, cuando camines por el camino, cuando te acuestes y cuando te levantes. "24/7/365 el hogar Es una escuela para aprender de Dios.

Dios sabe acerca de las mentes preciosas de los jóvenes. Y así Él les dice que les enseñen la mejor información que puedan tener. Él sabe de la vulnerabilidad y flexibilidad de las mentes jóvenes. Él sabe del poder y el potencial de la juventud. Pero el mundo también. Nos convendría entender que si no estás siendo enseñado por Dios, estás siendo enseñado por otra cosa. Si no estás siendo influenciado por Dios, estás siendo influenciado por otra cosa. Si no estás siendo convertido a Dios, estás siendo convertido a otra cosa. Nadie está sentado aquí sin ser enseñado, no convertido o sin influencia. Si no es Dios, es el mundo. Y una de las cosas más tristes que se escapa de la mente de la mayoría de los jóvenes, incluso de los padres, es lo bueno que es el mundo para enseñarte. Quizás nos ayude a entender cómo funciona el proceso de conversión.

El texto de nuestra lección se encontrará en el libro de Daniel. La razón por la que me gusta ir aquí cuando se habla de jóvenes y de la fe en Dios es porque es práctico. Lo que ve al principio de este libro es en gran parte lo que los jóvenes cristianos experimentarán en el mundo. Daniel junto con sus amigos Ananías, Misael y Azarías son jóvenes muy lejos de sus hogares, que viven en una tierra extranjera que es hostil a los caminos de Dios. A todos los efectos, eso es lo que son los cristianos. Cantamos la canción "Este mundo no es mi hogar" porque para los cristianos, el hogar no es la tierra. La Biblia se refiere a los cristianos que viven en este mundo como "extranjeros", "extraños", "peregrinos", "exiliados" y "peregrinos" (1 Pedro 1:1; 2:11). La Biblia está convencida de que usted tiene la idea de que está viviendo en una tierra extranjera que no quiere tener nada que ver con su Dios. De hecho, el mundo quiere que los cristianos se parezcan más a

84

ellos. Busca convertir. Busca conformar a los cristianos a su propia imagen (ver Ro. 12: 2). Y muchas veces, su objetivo son los jóvenes. El rey Nabucodonosor de Babilonia quiere convertir al joven Daniel y sus amigos. Él quiere que se vean exactamente como los caldeos.

El escenario del libro de Daniel es que Jerusalén ha sido superada por los babilonios. La razón por la que fueron tomados cautivos es por el pecado. ¡La caída de todo lo bueno siempre ha sido el pecado! Se olvidaron del Dios del cielo y comenzaron a irse en pos de otros dioses. Y así, Dios usa a Babilonia para castigar a su propio pueblo. Los hijos de Israel ahora se encuentran en cautiverio en una tierra extranjera. Comenzando en el versículo 3, vemos las intenciones de Nabucodonosor: "Entonces el rey instruyó a Aspenaz, el maestro de sus eunucos, a traer a algunos de los hijos de Israel y algunos de los descendientes del rey y algunos de los nobles, (4) jóvenes en el que no había mancha, sino que era guapo, dotado de toda sabiduría, que poseía conocimientos y se entendía rápidamente, que tenía la capacidad de servir en el palacio del rey y a quienes podía enseñar el idioma y la literatura de los caldeos. Hay que apreciar que cuando Nabucodonosor quiere hacer conversos, encuentra que los mejores candidatos son los que podríamos encontrar hoy en un aula universitaria. Cuando el mundo de hoy quiere convertir a las personas, ¿a quién crees que buscan convertir primero?

Notamos el proceso de conversión al final del versículo 4. ¿Cómo va a convertir Nabucodonosor a estos jóvenes? (1) En primer lugar, se les debe enseñar algo nuevo. La Biblia dice que la intención del rey es enseñar a estos jóvenes "el lenguaje y la literatura de los caldeos". En otras palabras, el rey debe cambiar la forma en que estos jóvenes piensan. Podríamos estar acostumbrados a escuchar esta idea expresada al final de los sermones cuando se da la invitación del Señor. Uno de los requisitos necesarios para la salvación es cambiar literalmente tu pensamiento. Cambia tu mente acerca del pecado. Ir de una forma de pensar a otra. Debe haber un abandono de la injusticia y debe haber una imposición de la justicia. A eso le llamamos arrepentimiento. En última instancia, el resultado del arrepentimiento, una mente cambiada, es una vida convertida (Hechos 3:19). Cambia la vida cambiando la mente. Cambia la mente cambiando la información que va a la mente. Eso es lo que está haciendo Nabucodonosor. Les ha dado un nuevo idioma. Les está dando una nueva literatura.

En el versículo 5, notamos dos pasos más importantes en el proceso de conversión: (2) A estos jóvenes se les ofrecerán las delicias del rey; (3) y la invitación a participar será constante y persistente: "todos los días" y durante "tres años". Póngase en los zapatos de estos jóvenes. Le están enseñando cosas nuevas, se le enseña a hablar de una manera diferente y se le ha dado un nuevo libro de texto para estudiar. Se le ha dado nueva información, nuevos hábitos e incluso una nueva dieta. Estás rodeado y bombardeado por la cultura de la tierra durante tres años, todo el día, con la esperanza de hacer que te parezcas más a la gente de la tierra.

¿No es eso lo que hace el mundo hoy? ¿No intentan enseñar a los cristianos un nuevo idioma y hablar de una manera diferente? Ya no puedes llamarlo homosexualidad. Es un estilo de vida; una identidad. Ya no puedes llamarlo fornicación. Es expresar tu amor. No puedes llamarlo asesinar a tu bebé. Es expresar tu libertad para elegir. Al ritmo del mundo, ni siquiera se puede decir que sea hombre o mujer. El mundo no solo intenta enseñar a los jóvenes cristianos un nuevo idioma, sino que también intentará darles nueva literatura. Su antiguo libro de texto dice que Dios creó el mundo en seis días (Gen. 1). Tu nuevo libro de texto dice que nada lo creó. Su antiguo libro de texto dice que Dios creó al hombre a su imagen (Génesis 1:27). Tu nuevo libro de texto dice que es evolución. Su antiguo libro de texto dice que el esposo era el jefe de la esposa y la esposa debe someterse a su esposo (Efesios 5:22-24). Tu nuevo libro de texto dice empoderamiento femenino. Su antiguo libro de texto dice que Jesús es "el camino, y la verdad y la vida" y que nadie puede llegar al cielo de una manera diferente (Juan 14:6; Hechos 4:12). Tu nuevo libro de texto dice tolerancia. Hablará de múltiples religiones, creencias múltiples, formas múltiples e iglesias múltiples. Para que la conversión ocurra, nueva información debe entrar en la mente.

Entonces el mundo saca a relucir sus delicias y sus ofrendas son constantes y persistentes. No puedes evitar las cosas que el mundo te ofrece para consumir. Está en las canciones, las películas, los comerciales, las revistas, Facebook, Twitter, YouTube, una dieta constante y constante de los bienes del mundo. Te ofrecen su bebida. Los anuncios de cerveza hacen que parezca que no puedes ser feliz sin su bebida. Te dirán "fuma esto", "hazte este tatuaje", "ponte esto en tu oreja", "usa tu cabello así". Y los jóvenes realmente comprarán y creerán que al hacerlo expresan su individualidad. El rey ofreció sus manjares, y también el mundo.

Sin embargo, Nabucodonosor no ha terminado con el proceso de conversión. En el versículo 6, (4) el rey recurre a cambiar sus nombres. Daniel, Ananías, Misael y Azarías, esos son sus nombres hebreos. Según Brown-Driver-Briggs, Daniel significa "Dios es mi juez".

Ananías significa "Dios ha favorecido". Misael significa "quién es lo que Dios es". Azarías quiere decir "Jehová ha ayudado". Sus nombres hebreos Los conectó a su Dios. Pero en el versículo 7, sus nombres se cambian a nombres babilónicos. "Para ellos, el jefe de los eunucos dio nombres: le dio a Daniel el nombre de Beltsasar; a Ananías, Sadrac; a Mishael, Mesac; y a Azarías, Abednego. "¿Qué mejor manera de hacer que se vean como caldeos que darles nuevos nombres?

Sorprende a algunas personas que el nombre cristiano sea un nombre dado por Dios. Su origen es divino. Fue profetizado en Isaías 62:2, "Serás llamado por un nuevo nombre, que la boca del SEÑOR llamará". Leemos de ese nuevo nombre en Hechos 11:26, "Y los discípulos fueron llamados cristianos por primera vez en Antioquía". ¿Qué hace este nombre? Conecta a las personas con Dios. Conecta a las personas con Cristo. Y como parte del proceso de conversión, el mundo haría que los cristianos tomaran nuevos nombres que los desconectarían de Dios y los conectaría con el mundo. Tal vez sea un nuevo cristiano que se dirige a la universidad por primera vez. Aprenden cosas nuevas, aprenden a hablar de una manera diferente y reciben los bienes del mundo con un suministro constante y constante. Cuando llegan a casa para visitar, Christian ya no es su nombre. "Soy un ateo". Tal vez ellos beben en la enseñanza del mundo sobre la tolerancia religiosa. "Soy budista". "Soy musulmán". "Soy espiritualista". "Soy denominacionalista".

Hay una cosa más que vale la pena mencionar y es parte del proceso de conversión: (5) la lealtad de estos jóvenes se pone a prueba. El capítulo 3 nos informa que Nabucodonosor establece una imagen. Envía un mensaje a todas las personas importantes en la tierra para que acudan a su dedicación. Encontramos sus instrucciones en los versos 4-6. "Entonces un heraldo gritó en voz alta: 'A ustedes se les ordena, pueblos, naciones e idiomas (5) que en el momento en que escuchen el sonido del cuerno, la flauta, el arpa, la lira y el salterio, en sinfonía con todos tipos de música, te caerás y adorarás la imagen de oro que el rey Nabucodonosor ha establecido; (6) y el que no se caiga y adore, será lanzado inmediatamente en medio de un horno de fuego ardiendo".

El mundo pondrá a prueba la lealtad de los cristianos de vez en cuando. Ha configurado su imagen y descubrirá si estás haciendo una reverencia o de pie. Los convertidos a la tierra, se inclinan. Los que resistieron la conversión, se ponen de pie. A los jóvenes, el rey Nabucodonosor pregunta en el versículo 14: "¿Es verdad?". Quiere saber si es verdad que estuvieron de pie cuando deberían haberse inclinado. Los jóvenes de hoy pueden escuchar: "¿Es verdad que no bebes?" "¿Es verdad que no apoyas el matrimonio gay?" "¿Es verdad que crees que solo el cristianismo tiene razón?" "¿Es verdad que crees? ¿Solo hay una iglesia?

¿Cómo funciona el proceso de conversión? Debes aprender algo nuevo: un nuevo idioma y un nuevo conjunto de doctrinas. La nueva información debe entrar en la mente. Debes estar rodeado por el bien del mundo y se te deben ofrecer perpetuamente. Tu identidad debe ser cambiada. Y tu lealtad debe ser probada de vez en cuando. Daniel y sus tres amigos confiaron en el Señor en su juventud. Como resultado de eso, permanecieron sin convertir en una tierra que no era su hogar. Se destacaron de la tierra. Se pusieron de pie cuando todos los demás estaban arrodillados. Lo que hicieron es lo que los jóvenes necesitan hacer.

1) Hacer una elección. Daniel lo hizo. La Biblia dice en

Daniel 1:8 que "Daniel se propuso en su corazón que no se contaminara". Sus amigos lo hicieron. De pie ante Nabucodonosor después de que él les pregunta por qué no se inclinan, dicen en el capítulo 3:16, "Oh Nabucodonosor, no tenemos necesidad de responderte en este asunto. (17) Si ese es el caso, nuestro Dios a quien servimos puede librarnos del horno de fuego y Él nos librará de tu mano, oh rey. (18) Pero si no, hazte saber, oh rey, que no servimos a tus dioses, ni adoraremos la imagen de oro que has creado. "Hicieron una elección y lo que eso significa es que sabían dónde estaba el Señor, sabían dónde estaba el mundo que los rodeaba, y sabían dónde iban a estar de pie.

Es uno de los principios de las Escrituras: eventualmente, todos deben tomar una decisión acerca de Dios. Mientras lees las Escrituras, lees sobre los individuos que son fieles a Dios. Una cosa que se destaca de ellos es que eligieron hacerlo. Elegir a Dios es una elección personal. Nadie puede hacer esta elección por ti. Nadie puede tener fe por ti. Confiar en el Señor es tu responsabilidad. Esto implica examinar las evidencias. O Dios hizo el mundo en seis días o Él no lo hizo. O Jesús realmente es el Hijo de Dios y lo demostró con milagros, o es un fraude. O la Biblia realmente es la Palabra de Dios escrita por Dios mismo (2 Timoteo 3:16-17), y seremos juzgados por ella (Juan 12:48), o es simplemente otro buen libro entre los muchos escritos por hombres. El aliento de las Escrituras es, ustedes examinan las evidencias. No tus padres, no el predicador, sino tú.

Vea las evidencias y luego haga una determinación acerca de Dios. Averigüe acerca de su carácter. Salmo 34:8, "prueba y ve que el Señor es

90

bueno". Averigua acerca de Su bondad. Lee pasajes donde Dios habla de cómo es Él. Lea Éxodo 34:6-7 donde Dios se describe a sí mismo como "bondadoso y misericordioso, soporta y abunda en bondad y verdad... perdona la iniquidad, la transgresión y el pecado, de ninguna manera limpia al culpable". Lee tu Antiguo Testamento y descubre si esas cosas son ciertas. Examina las acciones de Dios hacia su pueblo. Determine quién es Dios, pero decida a quién va a servir. Josué les dirá a los hijos de Israel: "Si a ustedes les parece mal servir al Señor, escojan por ustedes mismos a quién servirán" (Josué 24:15). Elías en 1 Reyes 18:21, "¿Cuánto tiempo fallarás entre dos opiniones? Si el Señor es Dios, síguelo; Pero si Baal, síguelo.

Jóvenes, tiene que haber claridad en su mente acerca de Dios y de usted mismo. Las preguntas son simples: ¿Crees en Dios? Si es así, ¿qué crees acerca de Cristo? ¿Es realmente el Hijo de Dios? Pero no solo preguntes QUÉ crees, pregunta POR QUÉ lo crees. ¿Está su creencia asegurada por el examen de la evidencia? Es una pregunta importante porque cuando te presentas ante el juicio de Dios, Él no querrá hablar de nadie más que de ti. El juicio no será sobre tus amigos y familiares. No se tratará de vecinos. No se tratará de los líderes religiosos de la época. No será sobre lo que te enseñaron los predicadores y maestros. No será sobre la mayoría de la gente. El juicio es sobre ti. Decídete. Tomar una decisión.

2. Haz esa elección AHORA en tu juventud. Daniel y sus amigos se decidieron ANTES de Babilonia. Y dado que el libro de Daniel los describe como "hombres jóvenes", eso significa que ellos eligieron a Dios en su juventud mientras se encontraban en la

seguridad de Jerusalén. Salomón escribe en Eclesiastés 12:1, "Recuerda ahora a tu Creador en los días de tu juventud, Antes de que lleguen los días difíciles". El contexto hace referencia a la brevedad de la vida. Y, sin embargo, la principal ilusión de la juventud es tener mucho tiempo. Hay una filosofía que tienen los jóvenes que dice: "Voy a vivirlo ahora y luego consideraré convertirme en un cristiano más tarde". "Voy a sacar toda la diversión de mi sistema ahora y lo haré". Seré más serio en el futuro". ¿De dónde crees que se originó la enseñanza? No es de Dios. La constancia de las Escrituras es que el tiempo es escaso. Lo usamos pero no lo recuperamos. Porque el tiempo es corto, la vida es corta. Una y otra vez, Dios nos recuerda ese hecho. Compara nuestra línea de tiempo de la vida con un suspiro (Salmo 90:9), una extensión (Salmo 39:5), una flor que se desvanece (Salmo 103:15-16), una sombra (Job 8:9) , un vapor (Santiago 4:14). Y así, la Biblia dice: "Enséñanos a contar nuestros días, para que obtengamos un corazón de sabiduría" (Salmo 90:12). Aprende a contar tus días para que puedas hacer que cada día cuente.

"Vivirlo" en tu juventud no es la enseñanza de Dios. La banda One Direction tiene una canción titulada "Live While We're Young". Algunas de las letras de esa canción se leen así: "Vamos a volvernos locos, locos, hasta que veamos el sol; Sé que solo nos conocimos, pero vamos a fingir que es amor; Y nunca, nunca, nunca te detengas por nadie; Esta noche, consigamos algo y vivamos mientras somos jóvenes". La banda Wild and Free tiene una canción titulada," A Rocket to the Moon ". Algunas de sus letras son:" Podemos cantar junto con el trueno; Podemos ser quienes queremos ser; Y nunca tendremos que preocuparnos o preguntarnos; Lo único que tenemos que creer; Es que viviremos mientras seamos jóvenes; Y lo haremos porque somos salvajes y libres". La enseñanza de la tierra es que solo tienes una juventud, y lo que debes hacer es vivirla de la mejor manera que puedas. Volverse loco. Tener una fiesta. Dar rienda suelta. Disfrute de la vida tanto como pueda ahora, luego puede comenzar a pensar en cosas importantes más adelante.

El mundo no podría ser más opuesto a Dios si lo intentaran. Te anima a desperdiciar tu juventud, pero lo llaman vivir. La Biblia enseña a temer a Dios AHORA. Recuerda a tu Creador AHORA. Confía en Dios AHORA. Escoge a Dios AHORA antes de que lleguen los días difíciles. Para Daniel, sus días difíciles llegaron a Babilonia. Escogió a Dios en su juventud antes incluso de ver venir días difíciles. Así que cuando llegó a Babilonia, rechazó los bienes del rey porque ya había elegido. Jóvenes, tienes que hacer lo mismo. El momento de decidirte es ahora en tu juventud. Mientras estás en la seguridad de tus hogares, mientras te sientas entre la seguridad de tus padres, busca al Señor ahora mientras Él está cerca. La verdad del asunto es que cuando decides dedicar a tus jóvenes a "vivir de acuerdo" según la filosofía del mundo, Dios no se acerca. Haz una elección y hazlo ahora.

3. Confíe en que una elección para Dios es la mejor opción. Daniel se negó a participar de las delicias del rey. Él, "se propuso en su corazón que no se contaminaría a sí mismo. Daniel lo vio como una mancha. No creía que se estuviera perdiendo. De hecho, no creía que ser fiel a Dios hiciera que se perdiera nada. La forma en que las personas de Dios hablan a veces, ¡es como si estuvieran pasando un

buen rato junto con el resto del mundo si no fuera por la Biblia! Jesús dice: "la verdad te hará libre", no cautivo (Juan 8:32). Jesús dice Juan 10:10: "He venido para que tengan vida, y para que la tengan en abundancia". "Ven a Mí... te daré descanso" (Mateo 11:28). "Mis mandamientos NO son gravosos" (1 Juan 5: 3).

A veces, los jóvenes tienen la idea de que los cristianos no pueden divertirse por las cosas que no podemos hacer. Hay demasiadas reglas y mandamientos. Un buen pasaje a tener en cuenta es Deuteronomio 10:12-13. Al final del versículo 13, Dios habla de la razón de Sus mandamientos. "Y para guardar los mandamientos del Señor y sus estatuas que te mando hoy para tu bien". Lo que este versículo nos dice es que Dios nunca te ha pedido nada que no fuera por tu propio bien. Él nunca ha ordenado nada que sea malo. Nunca te ha ocultado algo que era mejor. Lo que Dios ha ordenado es siempre la mejor manera de hacer una cosa y cualquier desviación del mandato de Dios no es solo alejarse de lo mejor y lo mejor, sino que es una desviación hacia su propio dolor.

Daniel no actuó como si se estuviera perdiendo al elegir los caminos de Dios. De hecho, sin los caminos de Dios, ¡Daniel lo vio como una contaminación! ¡Una profanación! ¡Una profanación! Daniel incluso demostró que los caminos de Dios eran mejores. Cuando el eunuco le da a Daniel su nueva dieta, Daniel se niega y esencialmente dice: "Pongámoslo a prueba". El rey quería que estos jóvenes fueran los mejores y se parecieran a ellos. Daniel le sugeriría al eunuco que la manera de lograr el mejor aspecto era hacerlo a la manera de Dios. Tienen un período de prueba y

94

durante diez días reciben comida que no violaba las leyes dietéticas de Dios. Daniel sabía que al hacerlo de la manera en que Dios se vería mejor y más saludable que todos los demás que comieron la comida del rey. Por supuesto, Daniel 1:15 dice que "al final de diez días sus rasgos parecían mejores y más gordos en carne que todos los jóvenes que comieron la porción de las delicias del rey".

Daniel simplemente no siguió los mandatos de Dios con pesadez y obligación. Daniel realmente creía que los caminos de Dios eran mucho mejores que cualquier otra cosa en el mundo. ¿Crees como lo hizo Daniel? ¿Realmente crees que una vida libre de alcohol es mejor? ¿Crees que la abstinencia antes del matrimonio es mejor? ¿No solo simplemente correcto, no solo en la Biblia, sino mejor? ¿Crees que decir la verdad todo el tiempo es mejor que mentir? ¿Crees que trabajar es mejor que la pereza? ¿Crees que el autocontrol es mejor que ningún control? ¿Está de acuerdo con la idea de que cualquier cosa diferente de los caminos de Dios es una disminución en la calidad: su forma de adoración, su forma de matrimonio, su forma de salvación, su forma de vida? ¿Estás convencido de que los caminos de Dios son mejores?

¿Quieres tener la mejor vida que puedas tener? Supongo que todo el mundo está buscando la buena vida. No es un misterio en la Biblia. De hecho, sale y te dice cómo encontrarlo. "El que ame la vida y vea los días buenos, que refrene su lengua del mal y que sus labios no hablen engaño" (1 Pedro 3:10-11; Salmo 34:12). La Biblia dice a los niños en Efesios 6, "obedece a tus padres". "Honra a tu padre y a tu madre". ¿Por qué? "Para que te vaya bien y vivas mucho tiempo en la tierra" (Efesios 6:1-3). Escucha la sabiduría gritar en Proverbios 9: "Porque por mí se multiplicarán tus días, y se te agregarán años de vida" (Proverbios 9:11). La Biblia ofrece la buena vida y no se encuentra en libertad de las reglas. La buena vida no se encuentra en hacer lo que es correcto para usted. La buena vida no se encuentra en "Solo vives una vez, así que vive la vida". La buena vida se encuentra en los caminos de Dios. La vida abundante se encuentra en Jesús (Juan 10:10). Necesitas creer eso. No sepas simplemente lo que es correcto. No sepas simplemente lo que dice la Biblia. Confíe en que el camino de Dios es mucho mejor que cualquier cosa que el mundo esté ofreciendo.

4. Confía en que con Dios en tu juventud, eres capaz de hacer cosas poderosas. Imagina la escena en la que Nabucodonosor crea la imagen y ordena a las personas de la tierra que se inclinen. Entre aquellos que se inclinaban estaban "los sátrapas, los administradores, los gobernadores, los consejeros, los tesoreros, los jueces, los magistrados y todos los funcionarios de las provincias" (Daniel 3:2). Daniel 3:7 dice: "todas las personas, naciones e idiomas cayeron y adoraron la imagen de oro". Cuando todos se inclinan, hay tres jóvenes de pie. ¡Qué poderosa escena es esa!

Jóvenes, necesitan creer que son capaces de hacer grandes cosas. La iglesia necesita jóvenes que hayan dado a Dios su juventud. La iglesia necesita jóvenes poderosos. Esta idea de que eres demasiado joven para tener un impacto activo en la iglesia es absolutamente equivocada. Quizás alguna responsabilidad recae en los adultos. A veces, las oraciones hacen referencia a los jóvenes como la "iglesia del mañana". Entiendo que la referencia es que los jóvenes son los futuros líderes en el reino de

Dios (ancianos, diáconos, predicadores, etc.), pero la "iglesia del mañana" lleva La idea de que no puedes hacer nada hoy. Jóvenes, ustedes son la iglesia de hoy. Eres tan necesario y valioso como el sabio anciano. Eres tan necesario e impactante como el poderoso predicador. Eres tan necesario e influyente como el maestro de la clase de Biblia que te ama.

Dios en una persona joven es una poderosa combinación. Comenzamos con algunos ejemplos seculares de jóvenes que hacen grandes cosas. La Biblia tiene su propia proporción de jóvenes que hacen grandes cosas. Confiaron en el Señor en los días de su juventud, y como resultado, fueron individuos poderosos. David tuvo una fe poderosa cuando mató a un león, un oso y un gigante en su juventud (1 Samuel 17:34-36). José tuvo un compromiso poderoso cuando fue vendido como esclavo y resistió los avances de la esposa de su amo a los 17 años de edad (Genesis 37:2). Continuaría convirtiéndose en el segundo hombre más poderoso de Egipto. Josías era un poderoso restaurador y era conocido como el rey más noble para reinar en Judá. Tenía 8 años cuando se convirtió en rey. Y la Biblia dice que él "comenzó a buscar al Dios de su padre David", a los 16 años (2 Crónicas 34:1-3). María, la madre de Jesús, fue una madre poderosa. Según los historiadores y eruditos, se cree que era más probable que en su adolescencia cuando Dios la eligió para ser la madre del Salvador de la humanidad. Jesús tuvo una poderosa devoción a su padre. A los 12 años de edad, nuestro Salvador hizo la declaración a su madre: "¿No sabías que debo ocuparme de los asuntos de Mi Padre" (Lucas 2:49)? Su devoción a la voluntad de su Padre lo llevó a la cruz. Daniel tenía un propósito poderoso cuando rechazó los bienes del rey. Ananías, Misael y Azarías tuvieron un coraje poderoso para ponerse de pie cuando todos los demás estaban arrodillados.

¿Qué tan poderoso es un joven con convicción y motivación? ¿Qué tan poderosa es una persona joven que confía en Dios en su juventud? ¿Qué tan poderoso eres? Escoge a Dios y descúbrelo. Elige a Dios ahora. Confíe en que una elección para Dios en su juventud es la mejor elección que puede hacer. Confía en que Dios te ofrece la mejor vida. Y confía en que con Dios en tu juventud, eres capaz de hacer cosas poderosas. Confía en el Señor en los días de tu juventud.

Notas

Andrew Martínez

Confiando en Dios y Su Palabra

CONFIANDO EN DIOS PARA LA SALVACIÓN ETERNA DEL AMA

Marco Arroyo

El hermano Marco Arroyo es egresado de la Brown Trail School of Preaching (2016). En el presente trabaja como predicador de tiempo completo de Aledo Church of Christ en la ciudad de Aledo, TX. Nuestro hermano también colabora como uno de los instructores de la Escuela de Predicación de Brown Trail en la ciudad de Bedford, TX. Marco está casado con su esposa Maggie.

INTRODUCCIÓN

"Fíate de Jehová de todo tu corazón, Y no te apoyes en tu propia prudencia. Reconócelo en todos tus caminos, Y él enderezará tus veredas. No seas sabio en tu propia opinión; Teme a Jehová, y apártate del mal; Porque será medicina a tu cuerpo, Y refrigerio para tus huesos" (Proverbios 5:5-8). Por seguro, este pasaje en Proverbios es un pasaje conocido por muchos. Lo encontramos en camisas, cuadernos en casas, y muchos lugares más. Pero, la pregunta es esta ¿merece Dios nuestra confianza? ¿Qué, exactamente, ha hecho Dios para merecer la confianza completa del hombre? ¿Qué pudiera ser que estaba en la mente de David, el gran y poderoso rey de Israel, cuando dijo, "Dios mío, **fortaleza mía, en él confiaré**; Mi escudo, y el fuerte de mi salvación, mi alto refugio; Salvador mío; de violencia me libraste" (2 Samuel 22:3)? ¿Qué razón tiene el ser humano para confiar en Dios en los tiempos fáciles, cuando el dinero abunda, la comida llena la cocina, y todo va de acuerdo con nuestros planes? ¿Qué razón tiene el ser humano para confiar en Dios en los tiempos difíciles, cuando el dinero falta, la comida solamente es lo necesario, y todo está en contra de nuestros planes? Por las siguientes razones, el ser humano puede dar su confianza completa en Dios:

1. Dios es santo/perfecto—Isaías 6:3; Salmo 22:3; 1 Pedro 1:16; Deuteronomio 32:4

2. Dios sabe todo—Salmo 147:4-5; Isaías 55:8-9; 1 Juan 3:20

3. Dios es todopoderoso—Efesios 1:19; Efesios 3:20; Génesis 18:14; Mateo 19:26

4. El plan de Dios para el hombre es perfecto—Romanos 8:28; Isaías 55:8-9

Sin duda alguna, el ser humano debe poner toda su confianza en el Dios celestial y viviente. No hay una razón justa, de acuerdo con la evidencia, o lógica que uno pueda sacar para demostrar objetivamente que Dios no merece nuestra confianza. Entonces, de acuerdo al tema dado a su servidor, hay un área en la cual nosotros podemos confiar completamente para dar nuestra confianza: la salvación de nuestra alma. No hay nada que es más importante que nuestras almas (Eclesiastés 12:13-14). En el fin de la vida, hay una sola cosa que nos espera: el juicio (Hebreos 9:27). En aquel juicio, Dios justamente dará juicio de acuerdo con los hechos del alma bajo consideración (2 Corintios 5:10; Romanos 2:6). Por tres razones primarias, tenemos toda la razón en el mundo y en el cielo de confiar en Dios.

PORQUE EL NOS HA DADO LA MANERA PARA
SER SALVOS

En el contexto de Juan 14, vemos una plática con sus discípulos acerca de la importancia de estar en paz por medio de reconocer la identidad eterna y el plan de Cristo Jesús. Tomas hace la pregunta famosa a nuestro Señor en verso 5 cuando dice, "Señor, no sabemos a dónde vas; ¿cómo, pues, podemos saber el camino?" El discípulo, como los demás, no estaba en un estado donde entendía completamente a qué se refería Jesús cuando habló de las moradas celestiales, y el lugar que Él iba preparar para ellos. Entonces, Cristo, entendiendo esto, dio una respuesta que contenía toda la información necesaria para dar a Tomas lo que necesitaba saber. "Jesús le dijo: Yo soy el camino, y la verdad, y la vida; nadie viene al Padre, **sino por mí** (Juan 14:6). Por medio de Su respuesta, nuestro Señor puso en claro una realidad universal: la salvación no se encuentra en otra parte o bajo otro nombre (Hechos 4:12) Dios es el único quien puede afectar nuestro estado espiritual. Con todo eso en mente, es necesario saber que Dios, quien sostiene nuestra salvación en sus manos eternas, nos ha dado la manera en la cual podemos ser salvos (Romanos 1:16). Dios amó (y ama) a nosotros tanto que nos creó, dio Su Hijo perfecto para ser Salvador nuestro, y nos reveló cómo llegar a su perdón y salvación. En Su Palabra, nos dio todo de lo que necesitamos para ir al cielo (2 Pedro 1:3). Gracias a Él, tenemos, podemos saber, y podemos obedecer el verdadero plan de salvación. Este plan de salvación viene solamente por enseñanza bíblica, no por las opiniones, creencias personales, o sentimientos de ninguna persona. Hay muchas diferentes cosas que personas enseñan acerca de cómo ir al cielo, pero en una examinación de cada plan de salvación diferente que a este verdadero, siempre se encuentra las inconsistencias y falsas enseñanzas que son refutados por la Palabra de Dios. Dios, como hemos visto, sabe todo. Entonces, ninguna parte de Su plan perfecto tiene errores o inconsistencias. Si alguien quiere llegar a la vida eterna, hay seis cosas que deben hacer:

- **Oír el evangelio:** Romanos 10:14, 17. En las conversiones del Nuevo Testamento, las personas tenían conocimiento del Evangelio después del haber escucharlo (Hechos 2:36-41; 3:18-4:4; 8:4-13; 35-38; 9:4-18; 16:14, 15). Es necesario oír para ser salvo, pero no solamente oír (Santiago 1:22).

- **Creer:** Juan 8:24; Hechos 16:31. Si uno no cree completamente que Jesús es el Hijo eterno de Dios, nuestro Mesías, y cordero quien quita nuestros pecados, no existe la posibilidad de salvación (Juan 3:16).

- **Arrepentir:** 2 Pedro; Hechos 17:30. Arrepentir implica (cambiar la mente). Nosotros debemos de cambiar nuestras mentes en cuanto nuestro pecado, reconociendo que por eso nos perdemos (Isaías 59:2). Este cambio de decisión es una decisión de rechazar el pecado e ir cien porciento en el camino de Dios (Mateo 21:28-29).

- **Confesar:** Romanos 10:9-10; Mateo 16:16-19. Cristo es el Salvador Divino de cada persona. Si alguien quiere venir al Padre, lo harán solamente por medio de Él (Juan 14:6). La práctica que hacen Cristianos antes de bautizar a una persona de preguntar, "¿Crees que Jesucristo es el Hijo de Dios?" no es practicada porque "eso es lo que siempre hemos hecho" sino que es porque es lo que Dios manda. Cristo dijo en Mateo 10:32 y 33, "A cualquiera, pues, que me confiese delante de los hombres, yo también le confesaré delante de mi Padre que está en los cielos. Y a cualquiera que me niegue delante de los hombres, yo también le negaré delante de mi Padre que está en los cielos".

- **Ser Bautizado para perdón de los pecados**: Marcos 16:16; Hechos 2:38. Lamentablemente, esta parte del plan de salvación es la más negada. El mundo religioso en muchos lugares enseña que el bautismo no es para poder ser un Cristiano, sino que es algo que un Cristiano hace para "llevar su relación con Dios al siguiente nivel". Antes de llegar al Cristianismo, no hay otra manera en la Palabra de Dios para recibir el perdón de los pecados menos que el bautismo (1 Pedro 3:21; Hechos 22:16).

- **Vivir Fiel Hasta la Muerte:** Apocalipsis 2:10; Lucas 9:23. ¡Después de obedecer el Evangelio, la obra solamente está empezando! Cada día, el alma responde al mensaje del Evangelio. Fidelidad es amar a Dios a través de cumplir Sus mandamientos (Juan 14:15), y vivir para Cristo diariamente, fielmente esperando el fin de la vida, para poder algún día morar eternamente con Él (Lucas 9:23, Filipenses 1:21).

PORQUE PODEMOS SABER QUE SOMOS SALVOS

Cada persona que dice que respetan la palabra de Dios debe de oponerse categorialmente a la doctrina de "Una vez salvos siempre salvos". Esa doctrina no tiene su fundación en la palabra de Dios, sino que en la mente de hombres (Mateo 15:8-9). La postulación básica de esta doctrina es que cuando alguien obedece el plan de salvación, no es posible perder su alma. Estas personas basan su doctrina en Juan 10:28, que dice, "y yo les doy vida eterna; y no perecerán jamás, ni nadie las arrebatará de mi mano". Su interpretación errónea es que Cristo claramente dice que sus ovejas no se pueden perder. *Observemos lo que el pasaje verdaderamente dice.* Hay tres grupos en consideración en este pasaje: Cristo, las ovejas, y ladrones. Cristo dijo que ningún ladrón puede quitar (arrebatar) a sus ovejas de su mano. Cristo **NO** habló nada con respecto a la pregunta que si las ovejas se pueden apartar de Él voluntariamente. Qué triste es que falsas enseñanzas necesitan torcer la palabra, para hacer que ella diga lo que ellos dicen, y no lo que Dios dice (2 Pedro 3:15-18). Cristo dijo que no hay enemigo quien puede quitar sus seguidores fieles sin la voluntad de la oveja. Pero, la Biblia dice claramente que el cristiano puede apartarse de la fe, apartándose del camino de la vida en Jesús (Hebreos 2:1; 6:4-6; Josué 24:15; 2 Pedro 2:20-22). ¿Por qué estamos considerando esta falsa doctrina? La realidad triste es que muchos hermanos, por querer oponerse a esta doctrina, la oponen a un extremo anti bíblico y erróneo. Estos hermanos dicen que no podemos saber **por seguro** que tenemos la salvación. Ellos dicen que no podemos saber porque tal vez hay un error que estamos cometiendo del cual no estamos conscientes, resultando en la perdición eterna. Dicen que tal vez hay algo que el Cristiano no ha podido aprender, resultando en una área débil que les llevará por seguro a la perdición. Viven cada día en temor, porque no existe un momento para ellos en el cual pueden tener paz perfecta y segura. Hay un principio que debemos de entender: la Biblia está siempre en armonía perfecta. No hay una equivocación, ni error en la palabra de Dios. Entonces, debemos de razonar fielmente este tema con ese principio en mente. En primer lugar, entendemos una cosa: nosotros podemos saber por seguro que somos salvos. 1 Juan 5:13 dice, "Estas cosas os he escrito a vosotros que creéis en el nombre del Hijo de Dios, para que **sepáis que tenéis vida eterna**, y para que creáis en el nombre del Hijo de Dios." Sin duda alguna, los hermanos a quienes Juan escribió tenían debilidades espirituales. ¡La debilidad

107

más obvia fue la falta de conocimiento bíblico con respecto a la salvación de sus almas! También, los hermanos estaban confundidos con respecto a las enseñanzas gnósticas (1 Juan 1:1ss). Además de todo eso, no todos ellos sabían cómo a amar a sus hermanos espirituales en maneras prácticas (1 Juan 4:7-11). Entonces, ¿qué es lo que estamos viendo? Estamos viendo nosotros personas a quienes, si Juan escribiría una carta dirigida a nosotros, recibirán exhortaciones de orar más regularmente, animar a nuestros hermanos en aflicción con más esfuerzo y amor, seguir estudiando la palabra perfecta, para poder resistir el movimiento liberal que se encuentra en congregaciones del Señor, y mucho más. Pero, a pesar de que había áreas en las cuales debían de mejorar, en el momento en el cual leyeron la carta de Juan, podían saber que tenían la vida eterna. ¿Qué nos enseña esta realidad con respecto a nuestro Dios? Dios es paciente para con nosotros, porque no quiere que perezcamos (2 Pedro 3:9). Dios quiere que el Cristiano siga aprendiendo de Él para que puedan vivir una vida que da gloria a Él en la manera más grande posible (Salmo 19:7-11). A la vez, Dios es un Dios de paciencia, quien entiende que tenemos debilidades que estamos quitando de nuestras vidas con el tiempo que tenemos. También, Dios sabe si realmente estamos tratando de mejorar o no (Gálatas 6:7). Entonces, el Cristiano quien sabe que están viviendo cada día haciendo el mejor trabajo posible puede descansar en la noche sabiendo que andan en la luz (1 Juan 1:7-9), con toda la esperanza en el mundo y el cielo. Si Dios no tiene esta paciencia, cada persona que sale del agua en su bautismo no sale salvo y gozoso (Hechos 8:38-39); sale perdido, porque están llenos de ignorancia bíblica, debilidades espirituales, y hábitos que no agradan a Dios. El Dios de salvación entiende a su creación, sus límites, y sus capacidades. Él sabe si quien ha recibido el perdón de Su Hijo está haciendo el mejor trabajo cada día o no. Y Él sabe que nosotros sabemos también. Por esa razón podemos saber si somos salvos o no. Querido hermano, ponga toda su confianza en nuestro Dios, porque podemos saber que somos salvos en este momento.

PORQUE ÉL JUZGARÁ JUSTAMENTE EN EL DÍA FINAL

¿Cómo se siente usted cuando piensa en la realidad que Cristo puede venir en cualquier momento (2 Pedro 3:10)? Cuando usted considera que usted puede morir esta noche en el camino a su casa, ¿qué es lo que siente en su corazón (Proverbios 27:1)? Si siente miedo, ¿por qué? Si siente confianza, ¿por qué? Uno de los salmos más impresionantes es Salmo 26. Las primeras tres palabras en el Salmo son, "Júzgame, oh Jehová". Tal vez usted lee esas palabras y dice, "¡Que atrevido!" Pero, a pesar de que podemos pensar, esto no es atrevido en ninguna manera! Note los primeros tres versos: Júzgame, oh Jehová, porque yo en mi integridad he andado; He confiado así mismo en Jehová sin titubear. Escudríñame, oh Jehová, y pruébame; Examina mis íntimos pensamientos y mi corazón. Porque tu misericordia está delante de mis ojos, Y ando en tu verdad". Estas palabras que, para algunos, son atrevidas, ¡no son atrevidas! Vienen de una alma completamente segura que ha hecho la voluntad de Dios. ¿Qué es lo que espera el alma fiel? Juicio fiel (2 Corintios 5:10). ¿Qué es lo que espera el alma infiel? Juicio fiel (2 Corintios 5:10). Que nos guste o no nos guste, Cristo está en Su trono, y dará juicio fiel a cada persona que ha vivido, vive, y ha de vivir. Cristo no quebrará las "reglas" para ninguno. Noten la severidad de las palabras de Jesús cuando dijo, "No todo el que me dice: Señor, Señor, entrará en el reino de los cielos, sino el que hace la voluntad de mi Padre que está en los cielos.

Muchos me dirán en aquel día: Señor, Señor, ¿no profetizamos en tu nombre, y en tu nombre echamos fuera demonios, y en tu nombre hicimos muchos milagros? Y entonces les declararé: Nunca os conocí; apartaos de mí, hacedores de maldad." En ninguna manera dirá Cristo que los que estaban en pecado van a recibir una "excepción". Si Cristo haría eso, su juico no sería justo. Para poder confiar en el juicio de Dios, Su juicio debe de ser justo, aunque nos guste o no. Recuerdo las tristes palabras de un hermano que estaba en mucha tristeza en la pérdida de su familiar quien no era Cristiano. El hermano me dijo, "Yo sé que nunca obedecieron el Evangelio, pero quizás hay algo que Dios puede hacer para ellos para permitirles entrar al cielo. No obedeció el Evangelio, pero fue una persona muy respetuosa y buena en ciertas maneras. Tal vez Dios tendrá un cambio de mente con respecto a ellos. Qué triste. Considere conmigo esta lógica. Esta idea quiere que Dios sea justo conmigo, pero no con mi querido no Cristiano. Yo quiero que Dios sea bueno y justo conmigo, porque yo he peleado la buena batalla, y que me dé la salvación. Quiero que cumpla Su promesa a mí. Pero, no quiero que Él sea fiel a la promesa de castigar eternamente el pecado (Mateo 13:49-50). Hermanos, **esta idea quiere que Dios haga nuestra voluntad, en vez de nosotros hacer Su voluntad.** Si Dios no cumple su promesa de castigar pecadores, ¿qué le sostiene de quitar su promesa de dar la corona de vida a los santos? Nada. Hermanos, seamos fieles, porque el juicio de Dios viene, y pasará Dios Su justo sobre todos, dándoles lo correcto conforme sus hechos (Romanos 2:6). Considere la confianza que debemos de tener con respecto al juicio: Y ahora, hijitos, permaneced en él, para que cuando se manifieste, tengamos confianza, para que en su venida no nos alejemos de él avergonzados.

Si sabéis que él es justo, sabed también que todo el que hace justicia es nacido de Él (1 Juan 2:28-29). Querido, ponga toda su confianza en nuestro Dios, porque Él juzgará justamente en el fin (Hebreos 6:10).

CONCLUSION

¡Qué Dios tan glorioso que servimos! Él merece nuestra confianza completa; Una confianza que permanece en nosotros a pesar de las circunstancias. Cuando nos encontramos bendecidos con tiempos de abundancia y facilidad, confiemos en el Señor. Cuando nos encontramos bendecidos con tiempos de sufrimiento y dificultad, confiemos completamente en el Señor, porque Él sostiene nuestra salvación. Confiemos en el Dios de nuestra salvación (1 Pedro 1:3-5), porque nos ha dado la manera de ser salvos, porque podemos saber que somos salvos, y porque El juzgará justamente en el fin. ¡Confiemos en Dios!

Notas

ISBN: 9781098897161